グローバル人材育成と
国際バカロレア

アジア諸国のIB導入実態　　　　李 霞 編著

東信堂

本書の刊行によせて

京都大学教授　杉本　均

　世界の国々で、生徒たちが中等教育を修了する際の教育成果の評価をどう行うかは、その国の人材育成理念の核心をなす重要な所業である。日本でいえば高校にあたる後期中等教育修了の評価は、生徒たちの進路に大きな影響を与える人生のエポックである。比較教育学的に俯瞰すれば、この時期の教育評価の在り方は世界で大きく二つに分かれる。ひとつは後期中等教育機関やその関連組織で、全国的な標準試験を行い、その成績をもって中等教育の総括および高等教育進学の指標とする方法。もうひとつは高等教育機関やその関連組織の側で標準的な試験や個別の試験、あるいはその両方によって、志願してきた生徒の教育成果（学力など）を判断する方法である。

　私たち日本の社会は、これまで多くの場合、後者の方法で中等教育と高等教育を接続させてきた。すなわち、大学入試において、高校側の内申書や成績表、その他推薦状など中等教育機関側の評価資料は参考にはされるが、大学側はセンター試験のような全国的な統一試験や大学が独自に実施する個別入学試験、あるいはその両方を課すなどして、それらを中心的な判断材料とする場合が多い。すなわち中等教育機関側の教育評価資料が軽視されてきたということである。もちろん、推薦入試や近年の特色入試のように、この偏りを修正しようという試みは様々な形で行われているが、いわゆる難易度の高い有名大学・学部の入試ほど、このような高校側の資料が軽視されているという傾向は否めない。

　このような傾向の背景にはいくつかの要因がある。ひとつはいわゆる主要科目学力への過信もしくは公平性への支持であろう。もちろん学力を重視し

ない選抜はありえないが、とくに大学の側にも受験生の側にも、そしてそれに影響を受けた高校側にも、生徒の主要科目の学力が、生徒の能力を最もよく代表しており、比較的公平性が担保され、かつ高等教育進学後の成績、あるいは就職後の活躍の度合いとの相関性が他の手段よりは高いであろうという思い込みがある。数学に優れ、英語がよく読め、古典にも詳しい若者が、将来良い医者（名医）になるかどうかはわからないが、実際にはそうでなければ医者にはなれないのが現状である。また仮にそれ以外の基準（たとえば親のコネや内申書だけ）で医者になった人がいた場合、われわれはその医者に自分の手術を頼みたいであろうか？

　もうひとつの要因は、中等教育機関の側から提出される生徒の成績評価資料が標準化されていないということである。すなわち、A高校とB高校の卒業時の試験成績や内申書評価はそのまま比較することはできない。試験問題がそれぞれ異なるというだけでなく、高校内で相対評価されてABCや1から5などの等級が付けられた評価は、同じ学力の生徒でも、当然のことながら成績の高い生徒の集まる高校では低く評価され、そうでない高校では高めに評価される可能性が高い。比較可能性が高いとされる主要科目学力でさえそういう状態であるので、それ以外の科目や特別活動、生徒の態度や意欲などの評価は、よほど学力が拮抗する志願者を選抜する時以外は利用が難しい。したがって、大学側は、これらの異なる高校からの卒業生に対して、全国共通試験やその大学の個別入試問題を同じ条件で解かせて、はじめてXさんよりYさんのほうが、入学者としてふさわしいと決断できるのである。

　しかし、世界ではそうでない中等学校卒業や大学選抜が存在している。ドイツのアビトゥア、フランスのバカロレア、イギリスのGCAなど、中等学校の卒業時に受ける全国試験である。原則としてこれらの卒業試験機構によって採点された点数や等級がそのまま大学進学への成績資料となり、（本当に理想的な場合の話であるが）大学側はその評価を信用し、改めて選抜試験を行うことなく、合格者を決定できるのである。　大学進学の場合は、それぞれの国内大学の学部や専攻が、入学に必要な条件を関連科目の試験の点数

や等級などをあらかじめ設定する。進学希望者は自分が中等教育修了時にそれらの試験で得た点数や等級が、その基準を満たしているならば、出願して合格できることか事前に分かることになる。これは進学希望者の受験負担が大幅に軽減されるだけでなく、大学側の選抜にかかわる労力も少なくてすむ点で、受験ストレスに苦しむアジア諸国などでは近年注目を集めている。

　しかし、もちろん欠点もある。このシステムでは国内の後期中等教育機関の良しあしにかかわりなく、中等教育の成績が絶対評価されるため、大学側は、設定した基準点以上の希望者がどれくらいいるのかが毎年変動し予測が難しいことである。すなわち大学側は条件を満たす希望者は全員受け入れる原則であるので、学部や専攻の人気の度合いや試験自体の難易の変化によって、大量に入学者が殺到する年とガラガラで予定人数に達しない年もありうるのである。特に医学部などの人気学部には希望者が殺到し、教育環境が悪化する懸念もあり、全員受け入れの原則を撤回し、下位の点数の者のウェイティング（浪人）や改めて大学の実施する選抜試験などが必要となっている場合もある。これでは試験ストレスの軽減というメリットは失われてしまう。

　それはさておき、本書が中心テーマとする国際バカロレア（IB）も、試験としては、その名のとおり、これらアビトゥア、バカロレア、GCEなどのヨーロッパの試験と親和性の高いシステムである。もともとイギリスのGCE試験の改革という観点から生まれた経緯もあり、標準化された試験方式を用い、原則、絶対評価を行うという点で共通性がある。国際バカロレアの最大の特徴は、これら各国の国家試験と異なり、国家を超えて国際的に通用するパスポートのような資格試験であるという点である。またセンター試験のようなマークシート試験でも、穴埋め式・知能テスト型の試験でもなく、少数の受験科目（advancedのIB科目を指す）を選択して、長時間の論述試験が課せられる非暗記型の試験ということである。（ただし、それでも6群3要件の受験科目数は、GCEなどより多めであるという違いはある。）またIBは単なる試験だけのものではなく、（ディプロマ・プログラムの場合）後期中等教育をカバーする2年間の教育プログラムであり、資格でもあるということである。

国内試験を標準化するのはさほど難しくはないが、国家を超えて、全世界のIB受験者の成績を標準化することは大変な作業である。外部審査員制度の導入や筆記試験の校内採点の禁止など、さまざまな工夫と努力によって、国際的な標準化が維持されているという。またIB試験も筆記試験は原則論述試験を中心としたもので、日本のような穴埋め・マークシートを多用する試験と異なり、長時間かけて記述された多数の長文答案を公平性を担保しながら点数化することは、そもそも矛盾する作業ともいえるが、それを機能させているメカニズムは、現在(2018年)計画中の日本の「大学入学共通テスト」にも大きな影響を与えている。

本書でも取り上げられているように、アジア諸国で、IB試験をこれまでのアジア諸国の国家教育課程に取り入れようという動きがさかんである。これはこれまでのIBプログラムの修了者が国際的に活躍し、その優秀さが認められてきたこと、また結果的にそのグローバル人材育成の理念が近年の世界の教育潮流と合致することが広く認識されてきたことの表れである。アジア諸国の児童・生徒はこれまでも、TIMSSやPISAなどの国際学力テストでも、高い成績をあげているが、これらはアジア諸国の多くの国でみられた伝統的な暗記中心・正確さ・速さ中心の学力観が克服されたためと考える論調は少ない。今日、これらの能力はさらに拡張され、思考力、表現力、コミュニケーション能力を重視した、グローバルな環境で求められる能力へと展開しつつある。その際にこれらの条件を早くから満たしてきたIBプログラムが大きな可能性を持つものとして注目されるようになってきたといえる。

しかし本書でも指摘されているように、アジア諸国の教育は、多くの場合、国家の規定する国民教育を基盤としたもので、教育における国民アイデンティティ、国家への貢献・忠誠、複合的社会における調和の強調は、絶対に譲ることのできない大原則である。問題は、もともと国家の壁を越えて、地球市民的な人材の育成を目的として開発されたIB課程が、アジア諸国の教育課程に導入された場合、これらの国家目標・政治目標と完全に矛盾なく受け入れられるのか、という課題が存在している。またそれを目指すために、

IBの自由な思考方法を殺して、長所を消してしまう可能性はないのか？あるいは、IBの持つ超国家性が、個々の国の教育思想にマイナスの影響を与えることはないのか？それを避けて無難な導入を目指すあまり、結果的に教育課程が木に竹を接ぐようなことになってしまう危険性もある。このようなアジア国家とグローバルの教育理念の葛藤にまで踏みこんでその可能性を検証した類書はなく、本書刊行の意義は大きい。日本においてもIBの導入などにかかわる多くの関係者に読まれることを期待したい。

目次／グローバル人材育成と国際バカロレア

本書の刊行によせて ……………………………… 杉本　均　ⅰ

序　章　　　　　　　　　　　　　　　　　　　李　霞　3

第1節　問題提起・背景 ………………………………………… 3

第2節　IBとは何か ……………………………………………… 7

　　(1) IBの目指している教育理念・目標 ……………………… 7

　　(2) IBのカリキュラムの構成 ………………………………… 8

　　(3) 評価システム …………………………………………… 11

第3節　先行研究 ……………………………………………… 13

第4節　研究目的 ……………………………………………… 15

第5節　本書における「グローバル人材」に対する定義 ………17

第1章　日本における国際バカロレアの展開　　門松　愛　21

はじめに ………………………………………………………21

第1節　日本における教育の状況 …………………………… 22

第2節　日本におけるIB導入の背景 ………………………… 24

第3節　IB導入の現状 ………………………………………… 26

　　(1) IB導入の経年変化 …………………………………… 26

　　(2) 高大接続 ……………………………………………… 28

　　(3) IBDP導入のための積極策―日本語DPの開発と学校
　　　　施行規則改正 ………………………………………… 29

第4節　日本におけるIB認定校の事例 ……………………… 32

おわりに ………………………………………………………38

第2章　中国における国際バカロレアの展開　　李　霞　43

はじめに ……………………………………………………………43

第1節　中国における教育の状況 ………………………………45

第2節　中国におけるIB導入の背景 …………………………47
　　(1)　IBの導入を巡る政策的動向 ……………………… 47
　　(2)　中国における海外留学の需要の増大 …………… 49

第3節　中国におけるIB導入の現状 …………………………53
　　(1)　中国におけるIB認定校の展開状況 ……………… 53
　　(2)　中国の高大接続におけるIBの位置づけ ………… 56

第4節　中国におけるIB認定校の実態調査 …………………58
　　(1)　汇佳学校の実態調査 ………………………………… 58
　　(2)　中国人民大学附属高校国際部の実態調査 ……… 61
　　(3)　考察 …………………………………………………… 64

おわりに ……………………………………………………………66

第3章　韓国における国際バカロレアの展開　　全　京和　71

はじめに ……………………………………………………………71

第1節　韓国における教育の状況 ………………………………72

第2節　韓国におけるIB普及の背景 …………………………75
　　(1)　国家教育課程の改訂 ………………………………… 75
　　(2)　政策文書にみられるIBの位置づけ ……………… 77

第3節　韓国におけるIB導入の現状 …………………………80
　　(1)　IBの導入・運営と量的変遷 ……………………… 80
　　(2)　大学入学者選抜制度とIBディプロマ …………… 84

第4節　韓国におけるIB認定校の事例 ………………………85
　　(1)　IB認定校3校の事例 ………………………………… 86
　　(2)　考察 …………………………………………………… 89

おわりに ……………………………………………………………92

第4章　ベトナムにおける国際バカロレアの展開　関口洋平　97

はじめに ……………………………………………………………97

第1節　ベトナムにおける教育制度の歴史的変遷と
　　　　近年の教育改革 ……………………………………………99

第2節　ベトナムにおけるIBの現状 ………………………… 103
　(1)　ベトナムにおけるIBの展開状況 ……………………… 104
　(2)　大学入学者選抜制度とIBの関係 ……………………… 107

第3節　ベトナムにおけるIB認定校の実態 ………………… 109
　(1)　ハノイ・インターナショナル・スクール …………… 109
　(2)　国連インターナショナル・スクール・ハノイ校 …… 112
　(3)　事例考察 ………………………………………………… 115

おわりに ………………………………………………………… 117

第5章　インドにおける国際バカロレアの展開　渡辺雅幸　121

はじめに ………………………………………………………… 121

第1節　インドの教育制度と現状 …………………………… 122

第2節　インドにおけるIB導入の背景 …………………… 127
　(1)　経済成長と中間層の拡大 ……………………………… 128
　(2)　教育政策 ………………………………………………… 129

第3節　インドにおけるIB導入の現状 …………………… 130
　(1)　インドにおけるIBの量的変遷 ……………………… 130
　(2)　インドの高大接続におけるIBの位置づけ ………… 132

第4節　インドにおけるIB認定校の事例 ………………… 135
　(1)　コダイカナル・インターナショナル・スクール
　　　　　　　（Kodaikanal International School） ………… 136
　(2)　ヴィクトリアス・キズズ・エデュケアーズ
　　　　　　　（Victorious Kidss Educares） ……………… 137
　(3)　考察 ……………………………………………………… 139

おわりに …………………………………………………… 140

第6章　カタールにおける国際バカロレアの展開　中島悠介　145

はじめに ……………………………………………………… 145

第1節　カタールの教育制度 ……………………………… 147
　　(1)　カタールにおける後期中等教育制度の概要 ……… 147
　　(2)　Education for New Era による教育改革 ………… 149

第2節　カタールにおけるIBの現状 …………………… 152
　　(1)　カタールにおけるIB認定校の展開状況 ………… 152
　　(2)　大学への接続 ……………………………………… 154

第3節　カタールにおけるIB認定校の事例 ……………… 157
　　(1)　カタールアカデミー（Qatar Academy）………… 157
　　(2)　アル゠バヤン女子教育複合学校（ABECG：Al-Bayan
　　　　　Educational Complex for Girls）…………… 159
　　(3)　カタールリーダーシップアカデミー
　　　　　（QLA：Qatar Leadership Academy）………… 161
　　(4)　事例の考察 ………………………………………… 164

おわりに …………………………………………………… 166

終　章　　　　　　　　　　　　　　　　　　　李　霞　171

第1節　アジア諸国におけるIB導入の政策的背景 ………… 172

第2節　アジア諸国におけるIB導入の状況 ……………… 175

第3節　IB認定校の運営実態 …………………………… 178

第4節　総合的考察 ………………………………………… 184

第5節　結語 ……………………………………………… 188

あとがき …………………………………………………… 191

索引 ………………………………………………………… 193

グローバル人材育成と国際バカロレア
―アジア諸国のIB導入実態―

序　章

李　霞

第1節　問題提起・背景

　グローバル化が急速に進む今日、経済的な結びつきをはじめ、国と国との
つながりが一層緊密になった。グローバル化はまた、世界を一つの大きな市
場へと変化させ、国家間の競争を激化させる要因にもなっている。激化する
国際競争に勝ち抜くために、かつてないほど各国では人材の育成に力が注が
れており、とりわけ、思考力・判断力・協調性に加え、自ら課題に立ち向か
い、問題を解決するために必要な能力や主体的な態度の育成が、グローバル
化に対応すべき学力の国際的スタンダードと認識されつつあり、これらの資
質と能力を持つ人材の育成を巡る教育改革が世界諸国で進められている。

　このような動きが、とりわけ近年のアジア地域で活発にみられる。例えば、
日本では経済復興の使命を託された「グローバルリーダー」の育成をはじめ、
グローバル化に対応することを念頭に、「豊かな人間性」・「健康と体力」と
ともに知識や技能に加え、学ぶ意欲や自ら課題を発見し、主体的に問題を解
決する「確かな学力」で構成される「生きる力」の育成が、学校教育の目標と
して位置づけられている[1]。このような「生きる力」の育成を巡って、日本で
は高等教育のみならず、初等・中等教育に対する改革も視野に入れ、関連の
対策が練り直され続けてきた。また、隣国の中国でも激化する国際競争に勝
ち抜くために、「国際業務や競争に参加できるグローバル人材」の育成をは
じめ、「人力強国」づくりを目指して、国際的な視野を持ち、自ら考え行動し、
問題解決する力や探求的な態度など学習者の主体性の育成が教育改革の目標

として掲げられ[2]、2030年までを視野に入れた教育改革が始動した。

　従来、各国における育成すべき人間像は価値信仰、文化伝統などに大きく影響され、国家的、民族的な色彩を強く伴っていた。一方で、先述した日本と中国の事例からわかるように、グローバル化の進展に伴い、世界諸国における育成すべき人間像には大きな共通点が確認されるようになった。すなわち、幅広い知識と技能を持ち、柔軟な思考力を有し、主体的に考え、行動する力といった資質と能力を持つ人間は、グローバル化の進展に対応できる人材、いわばグローバル人材と認識されていることがうかがわれる。また、このようなグローバル人材を育成するために、世界諸国では、公教育に対する改革に加え、近年、他国の先進的な教育カリキュラムや教授方法等が積極的に導入され、実践されてきたことも看過できない。こうしたなか、国際バカロレア（International Baccalaureate、以下IBと略す）がにわかに注目され、世界中で急速に普及が進んでいる（**図序－1**）。とりわけ近年、アジア地域におけるIB認定校が爆発的に急増している事は注目に値する。

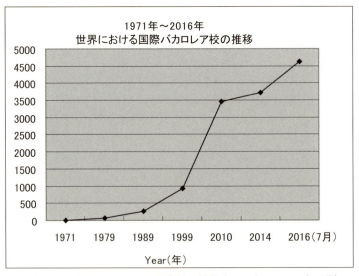

図序－1　世界におけるIB認定校の推移（1971年～2016年7月）
IBO公式ホームページを参照し、筆者作成。

IBは、西洋の文化を背景とするものであり、一般的に、国家の枠を超えて世界で認められている大学入学資格およびそのカリキュラムとして理解されている。また「グローバル時代の教育モデル」[3]であり、「国際標準のカリキュラム」[4]と称されることから、IBは世界各国で求められているグローバル人材の育成に、先導的な役割を果たしうる優れた存在とみなされていることがうかがえる。さらにIBプログラム（詳細後述）は思考力や表現力、異文化理解や寛容性、責任感などを涵養することを目的としており、「民主・自由・人権」など西洋の普遍的な価値が中核に置かれ、自立した主体性をもつ個人の育成が大きな目標とされている。

　一方で、アジアという地域は、多様な文化、価値信仰、経済体制をもつ地域であり、歴史的にも特定の価値を国民に求めるなど、個人の主体性よりも集団を重んじる傾向のある国を多く抱える地域である。つまり、西洋の文化的背景をもつIBと異なる文化的背景をもつ地域であるため、アジア地域では、教育の目標をはじめ、教育内容や教授方法、さらに教育に対する考え方全体において、IBとは根本的な違いをもつことが予見される。にもかかわらず、先述したようにアジア地域では、近年IB認定校が急増しており、2016年7月までに、日本、中国、インド、ベトナム、シンガポール、マレーシア、カタールなど延べ20数カ国で500校余りのIB認定校が誕生している。

　IB認定校の量的急増だけではなく、従来、IB認定校はインターナショナル・スクールや私立学校を中心に広がる傾向があったが、近年アジア地域の国々においては、政府主導の公立IB認定校が続々と登場していることも新たに注意すべき点である。例えば、1979年に初めてのIB認定校が承認されて以来、今日まで30校以上のIB認定校が誕生した日本では、2012年6月に、政府の「グローバル人材育成推進会議」による「グローバル人材育成戦略」という公文書が公布された。そこでは「今後5年以内に、高校卒業時にIBディプロマ（IBの資格）を取得可能な、またはそれに準じた教育を行う学校を200校程度へ増加させる」[5]という目標が打ち出された。この200校のうち、公立学校も一定の比率を占めることが構想されている。他方、中国については、

1991年に最初のIB認定校が誕生してから、2016年7月まで、IB認定校は104校まで増え続けてきた。とりわけ2000年以降、公立のIB認定校の登場が目立つようになっており、2012年に、中国の教育部に直属する中国人民大学附属高校国際部がIB認定校になったことに象徴されるように、中国においても、政府が中心となり、中国の高校へのIBの導入を推進するようになったことがうかがえる。

　日中両国でみられるように、政府が中心となり、IB導入を推進しようとする戦略が出されていることから、グローバル化の進行に伴い、多様な価値観や異質な集団の中で、主体的思考や行動を伴い、リーダーシップをとれるグローバル人材の育成が重要であることを両国の政府が強く認識していることが推測される。日中両国だけではなく、近年、経済の著しい発展を遂げているアジア諸国にとっても、ますます激化していく国際競争に勝ち抜くためのカギとなるグローバル人材の育成が、差し迫った政策課題として浮上してきている。こうしたなか、「グローバルリーダー」の育成を自らの戦略として掲げているIB[6]は、アジア諸国にとって好都合で魅力的な存在にみえたに違いないことは、近年アジア地域におけるIB認定校が急増している事実から推察される。

　しかし、前述したように、IBは西洋の文化的背景からの影響が色濃いものであるため、IBの目指す育成すべき「グローバルリーダー」は、西洋と異なる文化的背景をもつアジア諸国の公教育で目指されている育成すべきグローバル人材と同質なものとは考えにくい。むしろ、IBとアジア諸国の公教育との間にずれや相違が存在していることさえ予想される。他方、近年アジア諸国では異質な存在ともいえるIB認定校が増え続けている事実から、IBプログラムとこれらの国における公教育との間に存在しているずれや相違に対して、何らかの方法で折り合いがつけられていることが示唆される。

　また、公教育の場合は教育目標・内容の策定が、社会・経済的要素、文化的価値観などに大きく影響される。そのため、社会的・文化的背景や価値信仰が多様であるアジア諸国間における教育目標、それぞれの目標を実現させ

るために策定されている教育内容に、そもそも大きな相違がある可能性が高い。さらに、「教育内容は国家的、民族的な性格を帯びており、教授・学習過程はそうした所与条件の制約を受けざるを得ない」[7]ということを考えると、「国際標準のカリキュラム」と呼ばれても、IBの教育目標や理念がアジア諸国に受容される方法や程度は、国によって差がみられることが推測される。つまりIBは「国際標準のカリキュラム」ではなくなる可能性がある。

そこで、IBプログラムとアジア諸国における公教育との間にずれや相違がみられるか、もしみられるのであれば、どのようなずれや相違が存在しているのか、また、国によって、IBがどのように受容されているのかなど、IBがアジア諸国に導入される際の公教育による影響を解明する必要がでてくる。なぜなら、これらの実態を究明することは、IBが本当に「国際標準のカリキュラム」となりうるかを検証するだけでなく、今日のアジア諸国において、グローバル人材の育成におけるIBの役割を解明し、グローバル時代におけるアジア諸国の教育戦略を明らかにする重要な手がかりにもなるからである。

第2節　IBとは何か

(1) IBの目指している教育理念・目標

IBとは、1968年にスイス教育財団によって設立された非営利団体である国際バカロレア機構 (International Baccalaureate Organization、以下IBOと略) によって提供される教育プログラムのことである。これは諸外国に滞在しながら大学進学を目指す在外子女を対象に創設された全人教育を目指す理想主義的な色彩をもつものである。現在では世界各国のインターナショナル・スクール、公立私立学校で導入され、大学の入学資格としても世界的に認められるようになっている[8]。

IBは「異なる文化の理解と尊重を通じ、より望ましい世界かつ平和な世界を作り出すことに貢献しうる探究心、知性、そして寛容な精神のある若者を

図序−2　IBの目指す学習者像
IBO公式ホームページより

Inquirers	探究する人
Thinkers	考える人
Communicators	コミュニケーションができる人
Risk-takers	挑戦する人
Knowledgeable	知識のある人
Principled	信念をもつ人
Caring	思いやりのある人
Open-minded	心を開く人
Balanced	バランスのとれた人
Reflective	振り返りができる人

IBO公式ホームページを参照し、筆者作成。

育てる」[9]ことを理念としており、以下の10の学習者像を目指している。すなわち、「探究する人」、「考える人」、「コミュニケーションができる人」、「挑戦する人」、「知識のある人」、「信念をもつ人」、「思いやりのある人」、「心を開く人」、「バランスのとれた人」、「振り返りができる人」である(図序−2)[10]。IBの掲げている教育理念および目指されている学習者像から、特定の知識、価値の伝授ではなく、自ら知識、価値を発見し、創造する力をもち、優れた思考力、判断力とともに、責任感と奉仕する精神など幅広い教養を身につけ、国際視野をもち、自立した人間の育成が目指されていることは自明であり、学習者個人の発達が教育の最終目的とされていることがわかる。

(2) IBのカリキュラムの構成

この10の学習者像の育成を目指して、2016年7月現在、3歳から19歳の幼児・児童・生徒を対象に、4つのプログラムが提供されている。すなわち、①PYP (Primary Years Programme: 初等教育プログラム)、これは3歳〜12歳までを対象としており、精神と身体の両方を発達させることを重視しているプログラムである。②MYP (Middle Years Programme: 中等教育プログラム)、これは11歳〜16歳までを対象としており、青少年に、これまでの学習と社会との

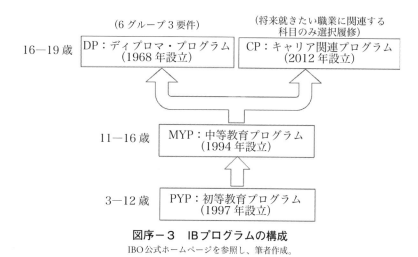

図序−3　IBプログラムの構成
IBO公式ホームページを参照し、筆者作成。

つながりを学ばせるプログラムである。③DP (Diploma Programme: ディプロマ資格プログラム)、これは16歳〜19歳までを対象としており、所定のカリキュラムを2年間履修し、最終試験を経て所定の成績を収めると、国際的に認められる大学入学資格(国際バカロレア資格)が取得可能なプログラムである。④CP (Career-related Program: キャリア関連プログラム)、これも16歳〜19歳までを対象としたキャリア教育・職業教育に関連したプログラムであり、生涯のキャリア形成に必要なスキルの習得を重視している(図序−3)[11]。この4つのプログラムの共通点は、教科横断の探究型学習を通して、子どもたちを自分自身で未来を選択できる人間に育てることに重点を置いていることである。なおこの4つのプログラムのうち、DPは国家の枠を超えて世界で認められている大学入学資格として最も注目されているため、本書ではDPを取り上げて検討することとし、IBDPと表示する。

　IBDPのカリキュラムは『第一言語』、『第二言語』、『個人と社会』、『実験科学』、『数学と情報処理学』、『芸術』の6つの探究教科群で構成される(図序−4)。『第一言語』は、自国の文化を維持するという趣旨から、母語またはそれに準ずる言語で、文学および世界文学を学習する科目であり、理想的な

読み書き話し能力や国際的な視点の育成が目指されている。『第二言語』は、表現力の強化、そして他教科の学習を容易にさせ、多様な考え方の育成を意識している。『個人と社会』は人文科学および社会科学の教科群のことであり、「ビジネスと経営学」、「経済学」、「地理学」、「歴史学」、「イスラム歴史学」、「グローバル社会における情報工学」、「哲学」、「心理学」、「社会および文化人類学」などの教科目が含まれている。教科内容そのものが議論され続けているこれらの教科目を提供することによって、柔軟な思考力や寛容の精神を育成することが目指されている。続いて、『実験科学』という教科群においては、「生物学」、「化学」、「物理学」、「環境システム」、「デザイン工学」などの教科目が含まれており、これらの教科で取り扱う概念や法則の理解と、実験科学における一般的な方法論の適用能力の育成が目指されている。そして『数学と情報処理学』の教科群は数学言語を使用することを容易にさせ、自信を持たせ、方法手段としての数学の理解を深めさせることを目的としている。最後に『芸術』という教科群においては、「美術」、「音楽」、「演劇」の３つの教科目が含まれており、生徒に作品を制作させることで、幅広い創造性を育成することが目指されている[12]。

　さらに、この６つの科目群の学習の中核に位置するのが「TOK（Theory of knowledge）」、「EE（The extended essay）」、「CAS（Creativity, activity, service）」であり、これらはDPを取得するための要件でもある。まず、TOKとは知識の理論という意味である。学際的な観点から個々の学問分野の知識体系を検討し、理性と客観的精神を養うことを重視しており、小論文と発表作品の提出が求められる。EEとは課題論文のことであり、生徒が履修している６つの科目の中から興味をもっている１つの科目に関連する研究課題を決め、自身で調査し、その結果を英文4000語以内の学術論文にまとめることが求められる。そして、CASは創造性・活動・奉仕の意味であり、学問以外の生活、地域に根差した奉仕活動による体験や共同作業による協調性の涵養を重視している[13]。

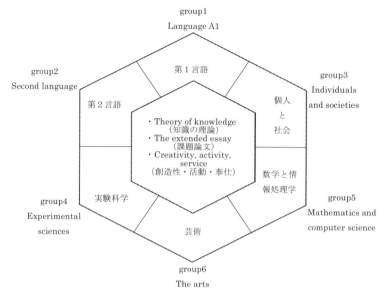

図序－4　DPのカリキュラム構成図
出典：相良憲昭・岩崎久美子『国際バカロレア-世界が認める卓越した教育プログラム』明石書店、2007年、23頁を参照し、筆者作成

(3) 評価システム

　IBのDP資格（以下、IBディプロマと示す）の取得を希望する生徒は、6つの科目群からそれぞれ1科目を選択履修しなければならない。これらの6つの科目のうち、3～4科目は上級レベル（Higher Level、以下はHLと示す）で、残りの2～3科目は標準レベル（Standard Level、以下はSLと示す）で履修することが必要である。HLの場合は1科目あたり240時間以上、SLの場合は1科目あたり150時間以上の学習が必要とされている。

　各教科目に対する評価は「Excellent（7点）・Very good（6点）・Good（5点）・Satisfactory（4点）・Mediocre（3点）・Poor（2点）・Very poor（1点）」の7段階評価となっている。6科目それぞれで科目合格点である4点を取得し、その上「TOK」、「EE」、「CAS」を充たしていればDPを取得する最低合格ラインをクリアすることができる。6科目すべて最高点をとった場合は42点となる。

さらに、「TOK」と「EE」の成果が優秀な場合、3点追加され合計45点満点
となる。

　6科目のうち、1教科でも不合格ならばディプロマは授与されない。また、
6科目の総合得点が24～27点の間の生徒の場合は、HL科目の総合得点が
12点以上（4科目では16点）で、SL科目の総合得点が9点以上という条件を
クリアしなければならない（HLを4科目選んだ場合は6点）。28点以上の生徒
の場合は、HL科目の総合得点が11点以上（4科目では14点）で、SL科目の総
合得点が8点以上という条件をクリアしなければならない（HLを4科目選ん
だ場合は5点）。

　以上、IBDPのカリキュラムの構成や評価システムから、IBDPは、生徒
に知識を受動的に身に付けさせることではなく、彼らに能動的に知識を発見
させること、さらに教室で学習したことを現実の生活の中で適用できるよう
にすることを目指す、「幅広くかつバランスの取れたカリキュラム」[14]であ
ることがわかる。しかし、前述したように、教育内容は「国家的、民族的な
性格を帯びており、教授・学習過程が所与条件の制約を受けざるを得な
い」[15]とのことから、IBOの定めたこれらの探究教科群に配置するすべての
教科目を、すべてのIB認定校で一斉に実施することは極めて困難なもので
ある。このことについてはIBOも認識しており、IBDPを導入する際には、
上記の6つの科目群の枠組みを守った上で、導入校の実情に応じてそれぞれ
の科目群に示されている教科目を自由に選択し、開講することが認められて
いる。この点はIBのドメスティックな内容に対する配慮が一定程度なされ
ているものと評価できよう。

　また、学習者の自らの探究を重んじるIBは、学習者の自らの探究ではなく、
教師による知識の伝授という伝統をもつアジア地域で実施されてきたカリ
キュラムとは対極にあるものといえよう。にもかかわらず、1990年代に入
るとIBが続々とアジア地域で導入されるようになった。この点において、
IB導入の背景には何があったのか、IB導入の現状はどうなっているのかが
一層興味を引くこととなる。

序 章　*13*

第3節　先行研究

　これまで、日本における IB に関する先行研究は数多く確認される。試みに、国立情報学研究所 (NII) の提供による日本語の論文や図書・雑誌などの学術情報を探すことができるデータベース・サービスである「CiNii」で、「国際バカロレア」というキーワードで検索すると 120 件もの検索結果がでてきた。これらの先行研究は主に以下のように分類できる。

　①国際バカロレア、すなわち IB そのものに焦点を当て、その特徴や内容を紹介するものである。これらの研究によって、国際的なカリキュラムと謳われながらも、IB の内容が西洋中心主義的なものであることが示唆された。また、IB は国民教育制度を前提に、参加各校との契約関係において運用される経済的市場原理に拠って事業拡大を図ってきたため、特定のナショナルな色彩を帯びる傾向があると指摘されている[16]。

　②グローバル時代に求められる学力という観点から、IB の「知」や目指す能力観を問うものであり、IB により育まれる能力は、課題発見・解決能力、コミュニケーション能力、異文化理解などであると指摘するものである[17]。

　③グローバル人材の育成における IB の役割を論じるものであり、IB 認定校の増加によって、学際的な教育内容、体験的な学習、探求型カリキュラムのモデルとして、IB には関係しないプログラムやナショナル・カリキュラムの策定に、IB のコア要素の影響がみられることが指摘されている[18]。

　④諸外国における IB 導入の状況や受容の形態を紹介し、IB 導入がもたらす公教育への影響を分析したものである。これらの研究によって、IB は、国家システムの強固な独仏型の国々より、多元的で柔軟な資格制度を持つ英米型の国々では受容されやすいことや、主要国における IB 認知と取り扱いの形式は①外国人と自国民を区別なく認め、国内制度と同等に取り扱う場合、②外国人と自国の帰国子女や在外子女に限り認め、特別枠として扱う場合に分けられることが示されている[19]。また、渡邊 (2014) は、世界諸国における IB 受容のパターンを、①教育改革の牽引として IB を利用しつつ、グロー

バル化へ対応するケース (イギリス)、②学校選択制における広告塔として受容するケース (アメリカ・カナダ)、③国策として国際競争力をつけるために導入するケース (中国)、④遅れてスタートした近代的学校のグローバル化へのキャッチアップとして部分的に取り入れるケース (モンゴル) に分類し、IB導入によって教育と将来の実生活とのレリバンス (関連性・意義) に重点が置かれるようになったとともに、国際標準といわれる新しい枠組みの教育を受けて将来複数の国を渡り歩くグループと、近代型の学校教育を受け続けて国内に留まるグループとに線引きされる二極化が起こりつつあることを指摘した[20]。

⑤日本におけるIB導入の事例研究やIBプログラムと日本の学習指導要領のつながりについて分析するものである。これらの研究によってIBにより育まれる能力は現在の学習指導要領が期待する能力そのものであると示された。また、日本におけるIBの受容は、IBを丸ごと受け入れるのではなく、既存の教育実践をIBを通して再評価しつつ、すり合わせを行うなかでこれまでの教育内容と実践を変化させていく方法がとられていることなどが指摘されている[21]。

これらの先行研究はIBプログラムの中身や特徴、グローバル時代の教育におけるIBの役割、さらに、諸外国におけるIB導入の状況解明について重要な示唆を与えるものである。一方で、日本や中国に対する検討が少しはみられるとはいえ、欧米諸国などのIBの持つ文化的、社会的背景と類似している国におけるIB導入の事例がほとんどである。そのため、近年のIB認定校の急増が確認され、IBのもつ西洋文化とは異なる文化背景をもち、文化的、社会的多様性を抱えるアジア諸国におけるIBの導入や適用に関する課題は、解明されているとはいえない。

IBのもつ社会的・文化的な背景と類似する国々におけるIBの適用だけではなく、文化圏の異なる社会において、どのような背景からIBが導入され、展開されているのかを明らかにすることは、グローバル化への教育の対応のあり方を議論する上で示唆が得られると考える。また、社会的・経済的要素

や文化的価値観などにおいて多様性を呈しているアジア地域こそ、こうした研究を行うために適した対象といえよう。

第4節　研究目的

　経済的競争力が増していくアジア地域では、国際競争に勝ち抜くためのカギとなるグローバル人材に対する需要がますます高まるにつれて、今後、IB認定校がさらに急増することが予想される。そこで、アジア諸国におけるグローバル人材の育成におけるIBの役割の究明に有意義な示唆を与えるべく、本研究は、アジア諸国におけるIBの導入および適用について、その全体的な特徴および課題を包括的に把握することを目的とする。分析する際に、とりわけアジア諸国の公教育制度におけるIBの位置づけや、IBが導入される際の公教育による影響に焦点をあてたい。なお、本研究の目的を達成するために、以下の3つの研究課題を設定する。

　（1）アジア諸国におけるIB導入の政策的背景には何があったか。

　（2）アジア諸国におけるIBの導入の現状はどうなっているのか。

　（3）IB認定校の運営実態はどうなっているのか。

　課題（1）について、アジア諸国の政府におけるIBに関する規定および関連政策に対する精査などの作業を行うことで解明する。その理由はIBの適用の状況を明らかにするために、まずは国家としてIBに関係する政策・制度をどのように整えているのかを明らかにすることが必要と考えるからである。なぜなら、グローバル人材の育成を目的の一つとしてIBを導入するとはいえ、教育目標が異なる国々において、それぞれの国におけるIB適用の背景・意図があると考えられる。また、国際的共通性をもつIBが国内においてどのように捉えられているのかは、国家体制、教育制度、社会環境等の条件によって異なり、それらの違いが政策・制度の中に反映されている可能性がある。したがって、この作業では特に、アジア諸国の国内において、IBと国内の教育機関との資格の差があるのか、もしあるのであればどのような

法令においてIBが権威づけられ、IBの資格がどのように他の学校資格と同質化または差異化されているのかを重点的にみていきたい。

　課題（2）については、アジア諸国におけるIB導入の展開や、高大接続におけるIBディプロマに対する取り扱いなどを通じて追究する。先行研究で指摘されているように、諸外国におけるIB受容のパターンは異なっており、IB導入およびその適用における諸外国の意図や温度差がうかがわれる。この意図や温度差は諸外国におけるIB認定校の経年変化や分布状況、公立校と私立校の割合、さらに、高大接続におけるIBディプロマに対する取り扱いなどに反映されると考えられる。したがって、アジア諸国におけるIB導入の展開、とりわけ高大接続におけるIBディプロマに対する取り扱いを究明する作業を通じて、アジア諸国の公教育におけるIBの位置づけを明らかにする。

　課題（3）については、IB認定校の教育理念・目標およびカリキュラム構成など、その運営の実態についての分析を通じて究明する。IBの理念は全人教育にあり、「探究する人」、「考える人」、「コミュニケーションができる人」、「挑戦する人」、「知識のある人」、「信念をもつ人」、「思いやりのある人」、「心を開く人」、「バランスのとれた人」、「振り返りができる人」の10の学習者像が目指されている。国際的な共通性を付与することがIBの一つの目的であり、それがカリキュラム等における同質化を促進する一つの要素となることが予想される。一方で上記の理念がホスト国の社会的環境等によって変容する可能性も否定できない。以上の問題関心のもと、本書の各章で取り上げられるIB認定校において目指されている教育目標や理念、実施されているカリキュラムの内容と、IBを導入したホスト国の公教育の目標・理念などについて比較分析し、IBの目指す教育理念・目標とアジア諸国における公教育との間にずれや相違があるのか、もしあるのであれば、どのようなずれと相違がみられるのか、これらのずれと相違がIB導入の際にどう解消されているのかを探っていく。さらに、IB認定校の運営実態の解明に向けて、IB認定校の生徒の状況にも焦点をあてて分析を行う。具体的には、IB認定

校にはホスト国の国籍をもつ生徒が集まるのか、それとも他の国籍をもつ生徒が多く集まるのか、IB認定校の卒業生が自国の大学に進学するのか、それとも海外の大学へ進学するのかなどを明らかにする。こうしたIB認定校における運営の実態を解明することは、教育の国際化の裏に潜むそれぞれのステークホルダーの背景や意図を明らかにするために必須となると考えている。課題(3)について、文献資料の分析を基本としつつ、IB導入の現状についてのフィールド調査で得られたデータを適宜加えて検討する。

第5節　本書における「グローバル人材」に対する定義

ここでは、本書で言及するグローバル人材という概念についても説明しておく。日本におけるグローバル人材とは、一般には、日本人としてのアイデンティティをもちつつ、政府、国際機関あるいは企業等において国際的に活躍する人材を指す言葉として用いられている。また、グローバル人材の備えるべき要素として、①語学力・コミュニケーション能力、②主体性・積極性、チャレンジ精神、協調性・柔軟性、責任感・使命感、③異文化に対する理解と日本人としてのアイデンティティがあげられている。そのほかにも、幅広い教養と深い専門性、課題発見・解決能力、チームワークと(異質な者の集団をまとめる)リーダーシップ、公共性・倫理観、メディア・リテラシー等の資質が求められている[22]。

また、中国の場合は、グローバル人材とは「創造力とともに、国際的視野をもち、国際規則を熟知する国際業務や競争に参加できる」[23]人材のことを意味しており、高い専門性や、国際的な視野、自ら行動し、新しいものを作り上げる力がこうした人材の備えなければならない資質と認識されている。これだけではなく、「愛国主義感情・社会主義道徳」など中国人としてのアイデンティティをもつことが絶対的要件とされており、他者と協調する態度をもち、多様な文化を理解し尊重する寛容な態度も求められていることが先行研究によって示されている[24]。

つまり、上記の日中両国におけるグローバル人材に対する定義から、民族的アイデンティティに加え、多様な文化に対する寛容な態度や国際的な視野、協調性、創造力をはじめとする幅広い教養や問題解決能力、高い専門性、さらにリーダーシップが求められていることが共通点としてみえてくる。

他方、先述したように、今日、思考力・判断力・協調性に加え、自ら課題に立ち向かい、問題を解決するために必要な能力や主体的な態度の育成が学力の国際的スタンダードと認識されつつあり、これらの資質と能力をもつ人材の育成を巡る教育改革が世界諸国で進められている。こうした世界諸国における教育改革の動向も踏まえ、本書で用いるグローバル人材の定義について、ひとまず以下のように定めておきたい。すなわち、グローバル人材とは、多様な文化に対する寛容な態度や国際的な視野をもち、幅広い教養を有し、思考力・判断力・創造力・問題解決力など主体的な態度と能力を兼ね備えたリーダーシップのとれる人材のことである。

なお、アジア地域の文化や価値信仰などの多様性を考慮し、公教育とIBの多様な関係性をより鮮明に見出すために、本研究は儒教、仏教、ヒンドゥー教、イスラム教など、世界的規模からみた時も影響力をもつ宗教の影響を受けている国として、日本、中国、韓国、ベトナム、インド、カタールを比較対象とする。

注

1　文部科学省「スーパーグローバルハイスクールについて」
http://www.mext.go.jp/a_menu/kokusai/sgh/ アクセス：2016/2/15
2　李霞「中国の『グローバル人材』育成における国際バカロレアの役割－IBを導入した北京市の学校の事例分析－」『教育目標・評価学会紀要』第25号、47-56頁、2015年。
3　Resnik,Julia,,"The Construction of the Global Worker through International Education",Julia Resnik ed.,*The Production of Educational Knowledge in the Global Era*,Rotterdam:Sense. 2008.
4　渡辺雅子「国際バカロレアにみるグローバル時代の教育内容と社会化」『教育学研究』第81巻第2号、176頁、2014年。

序章　*19*

5　グローバル人材育成会議「グローバル人材育成戦略——グローバル人材育成推進会議審議まとめ」http://www.kantei.go.jp/jp/singi/global/1206011matome.pdf アクセス：2015/3/2

6　Mission and strategy（http://www.ibo.org/mmission/　アクセス：2015/2/15

7　西村俊一編『国際的学力の探究—国際バカロレアの理念と課題—』創友社、95頁、1989年。

8　相良憲昭・岩崎久美子編『国際バカロレア—世界が認める卓越した教育プログラム』明石書店、20頁、2011年。

9　同上書、21頁。

10　www.shozemi.com/baccalaureate/pdf/a003.pdf　アクセス：2015/3/15

11　http://www.mext.go.jp/a_menu/kokusai/ib/1308000.htm（文部科学省ホームページ）アクセス：2017/10/6

12　相良憲昭・岩崎久美子編、前掲書、25-29頁。

13　同上書、23-25頁。

14　同上書、23頁。

15　西村俊一編、前掲書、創友社、95頁。

16　御手洗明佳「国際バカロレアに関する一考察」『日本教育社会学会大会発表要旨集録』(62)、174頁、2010年。宮腰英一・稲川英嗣・粟野正紀「国際的カリキュラムの開発途普及拡大—国際バカロレア (IB) のジレンマ—」『日本教育行政学会年報』第20号、245-257頁、1994年。など。

17　御手洗明佳「国際バカロレアの評価方法にみる能力観」『早稲田大学大学院教育学研究科紀要』別冊18号－2、87-98頁、2011年。など。

18　永山賀久「グローバル人材育成と国際バカロレアについて」『化学と教育』第61巻7号、330-333頁、2013年。御手洗明佳「IBプログラム実践におけるコンピテンスの涵養」『早稲田大学大学院教育学研究科紀要』別冊19号－2、131-143頁、2012年。松井一彦「人材育成に向けた教育のあり方—国際バカロレア教育の現状途普及への課題—」『立法と調査』第337号、67-87頁、2013年。など。

19　黄丹青「中国における国際バカロレア導入の概況及びその背景について」『国立教育政策研究所紀要』第142集、149-159頁、2015年。花井渉「イギリスにおける大学入学制度の課題と改革動向：国際バカロレアの認証による影響に焦点をあてて」『国際教育文化研究』(12) 17-28頁、2012年。など。

20　渡邊雅子「国際バカロレアにみるグローバル時代の教育内容と社会化」『教育学研究』第81巻第2号、40-50頁、2014年。

21　鮫島朋美「国際バカロレアと日本の学習指導要領のつながり－MYP実践から見えてきたこと－」『化学と教育』第61巻7号、334-337頁、2013年。渋谷真樹「日本の中等教育における国際バカロレア導入の利点と問題点—特別活動に着目して－」『奈良教育大学教育実践開発研究センター研究紀要』第22号、87-94頁、2013

20

年。など。

22 松井一彦「人材育成に向けた教育のあり方－国際バカロレア教育の現状途普及への課題－」『立法と調査』第337号、68頁、2013年。文部科学省「『グローバル人材』について」www.mext.go.jp/b_menu/shingi/.../1316067_01.pdfアクセス：2016/8/7

23 中国共産党中央「国家中長期人材発展計画綱要」2010年。

24 李霞「中国における国語教育目標の変容―初等教育課程政策の分析を手掛かりに―」『教育目標・評価学会紀要』第24号、75-84頁、2014年。

第1章　日本における国際バカロレアの展開

門松　愛

はじめに

　本章では、日本におけるIB導入の政策的背景と、普及状況、IB認定校5校の事例調査から、日本における国際バカロレア（International Baccalaureate、以下IB）と公教育との関係を検討する。

　日本のIBに関する先行研究には、IBの特徴を整理し、日本での導入事例を検討したものが多数みられる。たとえば、坪谷（2014）は、日本の教育にIBが導入された背景やIBで育まれる人材像、そしてIB認定校の実践紹介など、体系的に日本のIBの取り組みを明らかにしている[1]。また、江里口（2014）は、日本の従来の教育と比較しながらIBの可能性を論じており[2]、渋谷（2014）は、「創造性・活動・奉仕」（CAS）の実践に焦点をあて、日本の後期中等教育にIBを導入する利点と課題を考察している[3]。加えて、渡邊（2014）は世界のIB導入の傾向を分析しながら、日本のIBが既存の教育内容を再評価しつつ組み替えて、ナショナルな教育との融合の可能性をもつことを示唆している[4]。このように、先行研究では、日本の教育を活性化させるものとしてIBが扱われ、その実践に関する研究も少しずつ蓄積されてきている。しかし、複数のIB認定校の共通点や相違点を分析した研究は限られており、政策的視点とIB認定校の傾向的特徴の双方から、日本におけるIBと公教育との関係を検討する研究は不足している。

　以上を踏まえ、本章では、第1節で、日本の教育制度と公教育の基本的な理念を整理する。そして、第2節で日本でのIB導入の背景として、国際化

やグローバル化に関する政策を概観する。その後、第3節で、IB導入の現状として、IBの量的な変遷と高大接続の状況、政府による特徴的な取り組みを示し、第4節でIB認定校5校を対象に、教育理念やカリキュラム、入学要件などからIB認定校に共通する特徴や相違点を明らかにする。これらの結果から、IBと公教育の関係を検討する。なお、以下では原則としてIBDPに焦点をあてる。

第1節　日本における教育の状況

　日本の学校段階は、小学校6年間、中学校3年間、高等学校（以下、高校）3年間を経て大学へと続いており、基本的に6-3-3-4制となっている。**図1-1**に示すように、小学校就学年齢は満6歳であり、小学校6年間と中学校3年間を合わせた9年間が義務教育期間である[5]。小学校、中学校、高校段階までの教育内容に関しては、それぞれの教科等の目標や大まかな教育内容を記した学習指導要領が定められている。各学校では、学習指導要領や年間の標準授業時数等を踏まえ、地域や学校の実態に応じて、教育課程（カリキュラム）を編成することとなっている。各段階の就学率をみてみると、義務教育段階の純就学率は1948年から一貫して99%以上であり、高校進学率も1974年から90%以上を保っており、2015年時点で98.5%となっている[6]。このように、学齢期の子どものほとんど全員が高校まで進学している。また、大学進学率は54.5%となっており[7]、「大学全入時代」に突入している。

　続いて、日本における教育の目的として、教育基本法では、「教育は、人格の完成を目指し、平和で民主的な国家及び社会の形成者として必要な資質を備えた心身ともに健康な国民の育成を期して行われなければならない。」とされ、「国民」の育成を意図している点に特徴がある。この目的に基づき、自主自律の精神や、国を愛すとともに国際社会の平和と発展に貢献する態度を養うことなど、5つの目標が定められている[8]。これらの教育目的や目標に基づき、平成23年度から段階的に全面実施された平成20年学習指導要領

第 1 章　日本における国際バカロレアの展開　23

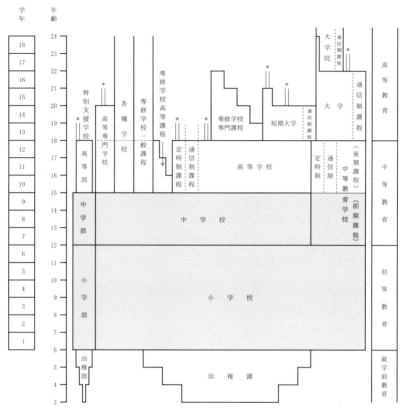

図 1 − 1　日本の学校系統図

※(1) 網掛け部分は義務教育を示す。(2) *印は専攻科を示す。(3) 高等学校、中等教育学校後期課程、大学、短期大学、特別支援学校高等部には修業年限 1 年以上の別科を置くことができる。(文部科学省『諸外国の教育統計』平成 27 (2015) 年版 (http://www.mext.go.jp/b_menu/toukei/data/syogaikoku/1366171.htm) 参照。)

では、「生きる力」が基本的な理念として掲げられている。「生きる力」では、確かな学力、豊かな人間性、健康・体力の 3 つを柱とし、知・徳・体のバランスのとれた力の育成が目指されている。具体的に、確かな学力とは、基礎的な知識・技能を習得し、それらを活用して自ら考え、判断し、表現することにより、様々な問題に積極的に対応し、解決する力であり、豊かな人間性とは自らを律しつつ、他人とともに協調し、他人を思いやる力や感動する心などである。

24

　以上のように、日本の教育の現状として、義務教育、後期中等教育ともに
ほぼ完全に普及しており、基本的な教育理念として、知・徳・体のバランス
のとれた「生きる力」の育成が目指されていることが読み取れる。

第2節　日本におけるIB導入の背景

　日本でIBに対応する政策が最初に出されたのは1979年のことである。
1979年に文部省（現、文部科学省）は、大学入学資格に関し、学校教育法に基
づき、国際バカロレア資格を有する者で18歳に達した者を、高等学校を卒
業した者と同等以上の学力があると認められる者として指定した[9]。しかし、
この後、2013年までIBに関する具体的な政策はみられず、2013年6月14
日に閣議決定された「日本再興戦略―JAPAN is BACK-」（以下、日本再興戦略
2013）が、日本でのIBの導入に関する本格的な政策のはじまりとなる。
1979年に大学入学資格として定められてから、2013年に本格的にIBの導
入が政策化されるまで、どのような背景があったのだろうか。本節では、政
策の展開として、まずIB導入の背景となる教育の国際化、グローバル化政
策の展開を整理し、これらの政策のなかでのIBの位置づけを示す。なお、
教育の国際化は高等教育の文脈で用いられることが多いが、本節では、本書
の主題であるIBDPが中等教育段階を対象としていることに基づき、高校ま
での教育に関連する国際化政策について主に記述していく。

　日本において「国際化」という言葉が最初に公的に使用されたのは、1968
年の経済白書「国際化のなかの日本」であるという[10]。その後、1972年の国
際交流基金設立を端緒に国際化への取り組みが進み、1974年には中央教育
審議会から「教育・学術・文化における国際交流について」という答申書が
出された。同答申書では、①国際理解教育、②コミュニケーション手段とし
ての外国語教育、③国際的に開かれた大学の3つが課題とされ、その後の政
策においてもこれら3点に関する取り組みが進んだ。なかでも代表的なもの
として、1987年臨時教育審議会「教育改革」に関する最終答申があげられる。

本答申では①個性重視の原則、②生涯学習体系への移行と並んで、③国際化、情報化等の変化への対応が21世紀に向けた教育の基本方針として示された。この答申を受けて、1989年の学習指導要領改訂にあたり、各学校段階を通じて国際理解教育の充実が図られるように内容が改善され、1988年からは高校における留学制度が設けられた[11]。このように1970年代から80年代に教育の国際化の基礎が作られ、その後も、国際理解教育の推進、外国語教育の充実、海外子女教育の充実、留学生交流の推進等が国際化政策の柱とされてきた。

　国際化、グローバル化に関する政策は、2000年代も着実に進行し[12]、特に、2011年頃から初等中等段階での国際化政策が進展する。2011年には内閣官房長官を議長とするグローバル人材推進会議が設置され、2012年に「グローバル人材育成戦略」がまとめられた。本戦略では、英語教育の強化、高校留学の促進等が初等中等教育の諸課題として指摘され、そのうちの1つとして「高校卒業時に国際バカロレア資格を取得可能な、またはそれに準じた教育を行う学校を5年以内に200校程度へ増加させる」として、IBへの言及が初めてみられることとなる[13]。そして、2013年の教育再生実行会議では、「これからの大学教育等の在り方について（第三次提言）」において、グローバルリーダーを育成する先進的な高校（スーパー・グローバル・ハイスクール）の創設に並んで、「国は、国際バカロレア認定校について、一部日本語によるディプロマ・プログラムの開発・導入を進め、大幅な増加（16校→200校）を図る」ことに言及している[14]。これを踏まえ、日本再興戦略2013でも、スーパー・グローバル・ハイスクールの創設とともに、IBの導入について言及された。具体的には、グローバル化に対応した教育を牽引する学校群の形成を目指し、「一部日本語による国際バカロレアの教育プログラムの開発・導入等を通じ、国際バカロレア認定校等の大幅な増加を目指す（2018年までに200校）」と記された。

　以上のように、日本においてIBは、後期中等教育のグローバル化政策の一環として、スーパー・グローバル・ハイスクールの取組みと並んで検討さ

れており、政府によって積極的な導入が試みられていることがわかる。2012年2月27日の第1回グローバル人材育成推進会議の資料によれば、「国際バカロレアのカリキュラムは、学習指導要領が目指す「生きる力」の育成や新成長戦略が掲げる課題発見・解決能力や論理的思考力、コミュニケーション能力等重要能力・スキルの確実な習得に資するものである」とされている[15]。このように、日本の教育理念とIBの示す教育理念とに共通性がみられることや、IBの教育方法が、日本で育成すべきとされる能力の育成に適していると考えられていることが、政府主導のIB導入を可能にしている背景として指摘できよう。

第3節　IB導入の現状

本節では、IB導入の現状として、その規模の量的変遷、高大接続の状況、IB導入を促進するために実施されている特徴的な施策の3点を概観する。

(1) IB導入の経年変化

まず、量的変遷として、日本におけるIB認定校は、2016年7月時点で38校あり、うち一条校は14校、残りはインターナショナル・スクールである。一条校とは学校教育法第1条に記される学校であり、文部科学省の定めた学習指導要領等に従うことが求められる。対して、インターナショナル・スクールは各種学校扱いである。インターナショナル・スクールは、主に英語により授業が行われ外国人児童生徒を対象とする教育施設であると捉えられ、インターナショナル・スクールに通っていても就学義務の履行とは認められない。

IB認定校のうち、2016年7月時点でIBのDPに認定されている学校は、27校であり、うち13校は一条校である。DP認定校の変遷[16]を**図1-2**に記した。日本で最初にIBの認定校となった一条校は、静岡県の加藤学園暁秀高等学校・中学校であり、2000年にMYP認定校、2002年にDP認定校

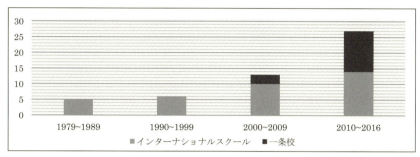

図 1 − 2　IBDP 認定校数の推移
IBO ホームページより筆者作成

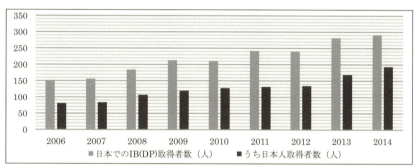

図 1 − 3　日本での IB（DP）取得者数の推移
文部科学省ホームページより筆者作成

となっている[17]。一方で、インターナショナル・スクールを含め、日本におけるIBDPの起源をたどれば、1979年がそのはじまりであり、1989年までに計5校のインターナショナル・スクールがIB認定校となっている。1990年代のDP認定校はわずか1校増加したのみであり、2000年代に入ってから、徐々に認定校は増え始めた。そして2015年だけで6校、2016年で2校が認定され、IBDP認定校は増加の兆しをみせている。加えて、日本でのIB取得者数の推移も**図 1 − 3**に示すように順調な増加傾向にあり、日本人の取得者数も着実に増加している[18]。ただし、2016年7月時点のIBDP認定校である一条校のうち11校は私立であり、残り2校が国立と都立となっており、私立学校が圧倒的多数を占めている。また、地域分布でみると、東京都3校

のほかは、宮城県、群馬県、長野県、静岡県、愛知県、京都府、広島県、福岡県、沖縄県に各1校ずつであり、全国的に点在している。インターナショナル・スクールのDP認定校の場合は、東京都5校、神奈川県3校、愛知県、京都府、大阪府、兵庫県、広島県、福岡県に各1校ずつであり、主に関東地区と地方都市に位置している。

(2) 高大接続

　次に、高大接続の観点からIBの現状を整理する。原則として日本の大学の入学資格を有するのは高等学校を卒業した者であるが、インターナショナル・スクールを卒業した場合でも、その学校が文部科学省により外国の高等学校相当として指定された学校[19]もしくは国際的な評価団体の認定を受けた学校[20]であり、18歳に達していれば、大学への入学資格は認められる。そして、第1節で言及した通り、IBディプロマを有する者で18歳に達した者は、大学入学資格を有しており、日本の大学に入学することが可能である。

　ただし、IBディプロマ所持者に特化した入試の整備は不十分であり、DPの卒業生を受け入れる大学側の入試改革は緒に就いたばかりである。具体的に数値をみてみると、2015年時点でIBディプロマ所持者を対象とする入試を実施している大学は16大学であり、今後、導入見込みである大学は、2016年時点で全43大学となっており、徐々に増加はしてきている[21]。各大学のIBディプロマ所持者対象の入試には、国際バカロレア入試（東北大学など）の名称でIB取得者に焦点をあてた入試を行う大学と、国際総合入試（北海道大学）やグローバル入試（関西学院大学）、特色入試（京都大学）のように、AO入試や特別入試等の出願資格のなかにIBを設定している大学、そして、帰国子女入試の1つとしてIBディプロマ所持者を受け入れる大学（立命館アジア太平洋大学など）に分けられる。これらの大学のなかには、「国際化拠点整備事業（グローバル30）」（大阪大学）や、「スーパー・グローバル大学創成支援」（東北大学）など政府のグローバル人材育成政策に採択された大学もある。このように、IBディプロマ所持者を受け入れる大学は増えており、その背景

には政府の政策の影響も指摘できるが、2015年度の大学数が779校であることに鑑みると[22]、小規模な展開に留まっていることがわかる。つまり、現状としては、IBディプロマ所持者は大学入学資格を有するものの、資格を活かして日本国内の大学に進学する道は、かなり限られているということができる。

(3)IBDP導入のための積極策—日本語DPの開発と学校施行規則改正

　上述のようにIBは未だ小規模に展開されており、政府は、各学校がIBの導入を積極的に行うことを目指して、特徴的な施策を講じている。最も特徴的なのは、デュアルランゲージ・ディプロマ、すなわち日本語によるIBの開発である。これは、これまで英語、フランス語、スペイン語のみが展開されていたIBDPを、日本語と英語の両言語で行えるようにするというものであり、「日本語DP」とも称される。すべての教科が日本語で行われるわけではなく、少なくとも言語習得（外国語）を含む2教科だけは必ず英語で学ばなければならないことになっている[23]。さらに、日本語DPの推進のため、国際バカロレア・デュアルランゲージ・ディプロマ連絡協議会（以下、日本語DP連絡協議会）が2013年5月に設立された[24]。日本語DP連絡協議会は、教育開発支援、IBプログラム運用支援、教員養成支援、IB申請支援等の活動を行っており、IB認定校の拡大に寄与することを目的の1つとしている。

　日本語DPの内容を具体的にみてみると、日本語DP連絡協議会が2015年7月2日に発表した資料[25]によれば、2015年7月時点で日本語で行うことができるのは、知識の理論（TOK）、課題論文（EE）、創造性・活動・奉仕（CAS）の3つの必要要件に加えて、表1－1に下線部で示す科目である。DPのカリキュラムでは、表1－1中の各グループから1科目ずつ選択し、計6科目を2年間で履修することとなるが[26]、日本語DPであっても6科目中2科目は英語、フランス語またはスペイン語で履修することが必要である。つまり、グループ2の外国語に加えて、他の1科目が選択されることが想定されている。表1－1下線部科目のうち、地理、数学スタディーズ、音楽、美術は

表 1 − 1　日本語 DP の科目（下線部分）

グループ名	科目名
1．言語と文字（母国語）	言語A：文学、言語A：言語と文学、文学と演劇
2．言語習得（外国語）	言語B、初級語学、古典語学
3．個人と社会	ビジネス、経済、地理、グローバル政治、歴史、情報テクノロジーとグローバル社会、哲学、心理学、社会・文化人類学、世界の宗教、環境システムと社会
4．理科	生物、コンピュータ科学、化学、デザインテクノロジー、環境システムと社会、物理、スポーツ・運動・健康科学
5．数学	数学スタディーズ、数学SL、数学HL、数学FHL
6．芸術	音楽、美術、ダンス、フィルム、文学と演劇

※ SLは標準レベル（各150時間）、HLは上級レベル（各240時間）
日本語IB連絡協議会発表資料より筆者作成。

2015年7月に新たに日本語DPが可能となった科目であり、日本語DPも着実な進展をみせている。

　坪谷（2014）は、日本語DPに関して、自国文化のなかで教育や文化を理解したうえで、異文化を知り受け入れていくこと、すなわち自国のアイデンティティに根ざした多様な価値観の獲得がグローバル教育の本質であるとし、グローバル教育＝英語教育というこれまでの価値観に一石を投じるものであると指摘する[27]。日本政府が定義するグローバル人材の概念にも、①語学力・コミュニケーション能力や、②主体性・積極性、チャレンジ精神、協調性・柔軟性、責任感・使命感に加えて、③異文化に対する理解と日本人としてのアイデンティティが含まれている[28]ことを踏まえると、日本語DPが日本のアイデンティティをもったグローバル人材育成に貢献することが期待される。ただし、2016年7月時点で日本語DPを導入している学校は4校のみであり[29]、現状ではごく小規模な展開に留まっている。

　加えて、学習指導要領とIBDPの双方の基準を満たすため、学校教育法施行規則が改正された。文部科学省ホームページでは、「学校教育法第1条で規定されている学校が国際バカロレアの認定校になるためには、学校教育法

等関係法令と国際バカロレア機構の定める教育課程の双方を満たす必要がある」と明示されており[30]、学習指導要領が定める各教科等の目標、内容と国際バカロレアのカリキュラムの内容とを照らし合わせて教育課程を工夫して編成・実施することを求めている。しかし、学習指導要領を踏まえてIBのカリキュラムを提供することは容易ではない。学習指導要領によれば、高校卒業に必要な単位は74単位以上であり[31]、全11教科57科目の標準単位数が示されている。このうち、国語、地理歴史、公民、数学、理科、保健体育、芸術、外国語、家庭、情報、総合的な学習の時間の全11教科それぞれで、全ての生徒が履修する必要がある教科・科目（必履修教科・科目）が指定されている。これらの教科・科目の他に、学校設定科目や学校設定教科として、各学校は自由に教科・科目を設けることができ、一条校であるIB認定校のなかには、学校設定科目や学校設定教科としてIBDPのカリキュラムを導入している学校もある。

　このような学習指導要領の規定への対応をより容易にすべく、2015年8月19日に学校教育法施行規則において次の3点が改訂された。1点目に、普通科においては学校設定科目や学校設定教科に関する科目に係る履修単位数は合わせて20単位を超えることはできないと規定されていたが、「学校設定教科・科目として設置したIBDPの科目について、生徒の負担を軽減するために、卒業に必要な単位数に算入できる上限を拡大（20単位⇒36単位）すること」とされた。加えて、2点目に、「英数理の必履修科目及び総合的な学習の時間については、関連するIBDP科目の履修をもって代えることができること」、3点目に、「国語以外の教科等については、英語による指導を行うことができること」と改正された[32]。

　以上のように、日本語DPの導入や学校教育施行規則の改訂など、IBDP導入のための積極策が講じられている。ただし、IB導入にはいくつかの課題も指摘されており、特に、教員の確保、学習指導要領との更なるすり合わせ、高大接続が主要な課題となっている。文部科学省は、これらの課題に対して、国内の大学入試におけるIBの活用促進や、国際バカロレアに対応可

能な教員の養成・確保等の措置を実施しているが[33]、今後も更なる議論が必要とされている。

　以上、日本におけるIBは拡大の兆しをみせており、日本国内の大学への進学の幅が拡大されてきていることや、政府により様々な拡大施策が講じられている現状が明らかとなった。規模としては小さいが、IBが着実に全国的に普及しつつあることがみてとれる。

第4節　日本におけるIB認定校の事例

　本節では、日本におけるIB認定校の事例を検討し、その共通点と相違点を検討する。日本にあるIB認定校の実践に関する研究は、先述した渋谷(2014)[34]や坪谷(2014)[35]、江里口(2014)[36]などがある。これらの研究は全て一条校を対象としており、渋谷(2014)と坪谷(2014)では立命館宇治高等学校が取り上げられ、江里口(2014)では玉川学園が取り上げられている。本章は、実践研究ではなくIB認定校の構造的な特徴の研究という立場で、IB認定校のうち、2015年時点で卒業生を輩出している5校(ぐんま国際アカデミー、玉川学園、加藤学園暁秀高等学校中学校、立命館宇治高等学校、AICJ高等学校[37])を対象にして、次の4点について分析を行う。すなわち、1点目に、理念・校訓・教育目標、2点目に入学試験の概要、3点目にカリキュラム、4点目に進学先状況である。これら4点での分析に入る前に、対象5校の概要を**表1-2**に示した。なお、表1-2には記していないが、これら5校において、学費等諸費として、入学費用を除く費用は年額74万～174万まで幅があり、このうち4校のIBコースでは、それ以外のコースと比較して、月額で1万5000円～5万円程度の追加費用がかかる。日本の私立高校において、入学費用を除く生徒等納付額の平均が約56万円であることに比べれば[38]、比較的高い学費であると解釈できる。

　表1-2に示される通り、これら5校全ては中等部をもつが、高等部でのIBにおける入学試験の有無には相違がみられ、入学試験を設けず編入試験

第1章　日本における国際バカロレアの展開　*33*

のみとする学校もみられる。また、英語での教育に関して、ぐんま国際アカ
デミー、加藤学園暁秀高等学校中学校など、英語イマージョン教育を掲げて
いる学校もみられる。一方で、玉川学園のように英語イマージョンではなく
バイリンガル教育を掲げる学校[39]や、立命館宇治高等学校のように英語イ
マージョン教育のコースを別に設置している学校もみられる。このように、
IB認定校であっても、DPへの進学の方法や、英語教育に対する対応には相
違が確認される。

表1-2　調査対象5校の概要

	DP導入年	MYP	DPへの入学	一貫教育	英語教育	DP募集生徒数
ぐんま国際アカデミー[40]	2011	×	編入	小中高校12年一貫教育	英語イマージョン教育	―（11学年進学時に選択）
玉川学園[41]	2010	○	入学・編入	中高一貫教育	バイリンガル教育	20名(中等部)
加藤学園暁秀高等学校中学校[42]	2002	○	入学・編入	中高一貫カリキュラム	英語イマージョン教育	30名(中等部)
立命館宇治高等学校[43]	2009	×	入学	中高一貫コースあり	DPとは別に英語イマージョンコース	30名
AICJ高等学校[44]	2009	×	入学	中高一貫コースあり	英語イマージョン教育	25名

各校ホームページを参照に筆者作成。

　次に、各校の理念・校訓・教育目標から、育成すべき人材像がどのように
捉えられているかを確認していこう。**表1-3**に示すように、各校の教育理
念や校訓、教育目標は様々であるが、注目されるのは、「グローバル」と「日
本人のアイデンティティ」である。ぐんま国際アカデミーやAICJ高等学校
のように、日本人としてのアイデンティティを明確に理念として掲げる学校
がある一方で、立命館宇治高等学校のように自国の文化や自身の経験を理解・
尊重するという表現や、玉川学園、加藤学園暁秀高等学校中学校のように日

本人としてのアイデンティティの育成を教育理念や教育目標等には記さない
学校もあることがわかる。ただし、加藤学園暁秀高等学校中学校では教育理
念には含まれないものの、バカロレアコースのホームページでは、日本人と
してのアイデンティティと日本語を第1言語とする基盤の上に、ネイティブ
レベルの英語言語能力と分析的思考やコミュニケーション能力を養成するこ
とが明記されている[45]。対して、「グローバル」「国際教育」と類似する文言
は5校全ての学校で教育理念や目標として掲げられていることが確認され、
IB認定校としての特徴がみてとれる。

表1-3　各校の理念・校訓・教育目標等

	理念・校訓
ぐんま国際アカデミー	校訓…知性、創造、品格 教育理念…日々変化を遂げる国際社会の中でリーダーとして必要な能力と知識を備えた国際人の育成。日本人としての意識(アイデンティティー)の確立や世界の多様な異文化を理解することにも力を注ぎ、世界のあらゆる分野で活躍できる人材の育成
玉川学園	12教育信条:「全人教育」「個性尊重」「自学自律」「能率高き教育」「学的根拠に立てる教育」「自然の尊重」「師弟間の温情」「労作教育」「反対の合一」「第二里行者と人生の開拓者」「24時間の教育」「国際教育」
加藤学園暁秀高等学校中学校	校訓:至誠・創造・奉仕 3つの教育の柱—人間教育、大学進学教育、国際理解教育
立命館宇治高等学校	立命館の建学の精神「自由と清新」と教学理念「平和と民主主義」に基づき、卓越した言語能力に基づく知性と探究心、バランスのとれた豊かな個性、正義と倫理に貫かれた寛容の精神を身につけた未来のグローバルリーダーを育成 探究する人、知識のある人、考える人、コミュニケーションができる人、信念を持つ人、心を開く人(自国の文化や自身の経歴を理解・尊重すると共に、異なる価値観や伝統・文化を持つ個人や社会に対し広い心で接し、人権を尊重することができる人。)、思いやりのある人、挑戦する人、バランスのとれた人、振り返りができる人
AICJ高等学校	教育対象:「グローバル社会で活躍できる国際的エリート」 AICJ宣言:世界の名門進学校を目指す、バイリンガルに育てる、日本を含む世界の名門大学への道を開く、グローバル社会のリーダーに育てる、日本人としてのアイデンティティを大切にする

各校ホームページより筆者作成。

第1章 日本における国際バカロレアの展開 *35*

　このように教育理念や目標の相違がみられるなかで、各校の入学試験はどのような構造となっているのだろうか。今回対象とした5校のうち、編入試験のみを設けている学校（ぐんま国際アカデミー）があることに留意しつつ、それぞれの試験の受験資格や、試験内容を検討すると、次の3点が相違点として明らかになる。1点目は、受験資格として日本国籍保有者に限定しない学校があることである。たとえば、立命館宇治高等学校では、外国籍生徒の入学試験が設けられており、香港、上海、シンガポール、ロンドン、ニューヨークでも入学試験を行っている[46]。2点目に、必ず何らかの科目で英語での試験が行われているが、各校で試験科目に相違がある。たとえば、玉川学園、立命館宇治高等学校、AICJ高等学校では、数学が英語で行われ、加藤学園暁秀高等学校中学校では、60分間の英語での作文試験が行われている。3点目に入学の際に求められる英語力は、各校により相違があることである。たとえば、ぐんま国際アカデミーでは帰国子女相当となっているが、玉川学園では英検2級以上または同等の英語力を有する者、加藤学園暁秀高等学校中学校では、英語でのDP授業を無理なく理解できる程度とされ、立命館宇治高等学校とAICJ高等学校では特に英語力に関して受験資格として記載はない。このようにみてみると、各校での入学資格や入学試験の共通点は、必ず英語での試験科目があるという点のみであり、それ以外は多様な手法が採られていることがわかる。

　続いて、カリキュラムに関してみていきたい。**表1−4**に示したように、IBDPのグループ1からグループ6までででどの科目を設定するかは各校で異なっている。なお、表中には記していないが、当然ながら全ての学校で、知識の理論（TOK）、課題論文（EE）、創造性・活動・奉仕（CAS）が行われている。一方で、表1−1と比較すると、グローバル政治や心理学、社会・文化人類学、フィルム、文学と演劇など、今回対象とした5校のIB認定校では実施されていない科目があることもわかる。

　表1−4には、IBのカリキュラムのみを示しているが、ここで留意したいのは、一条校であるこれら5校は日本の学習指導要領にも従う必要がある

36

ことである。第2節で政府が積極策を講じていることに触れたが、本稿の対象とする各学校でも学習指導要領に対応しながらIBDPを提供する工夫がなされている。たとえば、AICJ高等学校では、高校1年生の12月までは準備期間とされ、高校1年生の1月からIBが開始される。この準備期間には、家庭科や世界史、情報技術、保健体育、音楽などが日本語で行われており、学習指導要領との整合性が保たれている。また、ぐんま国際アカデミーでは、高校1年生で、国語総合や日本史A、数学Ⅰ・A、現代社会、物理基礎、化

表1-4　各校のIBカリキュラム

グループ名	科目名	各校の提供科目				
		ぐんま	玉川	加藤	立命館	AICJ
1．言語と文字（母国語）	言語A	日	日・英	日・英	日	日
2．言語習得（外国語）	言語B	英	英・日	英	英	英
	初級語学	—	—	中国語	—	—
3．個人と社会	ビジネス	—	—	—	○	—
	経済	—	○	—	○	○
	歴史	○	○	○	○	○
	環境システムと社会	—	○	—	○	○
4．理科	生物	○	○	—	○	○
	化学	○	○	—	○	○
	物理	○	○	○	○	○
	環境システムと社会	—	—	—	—	—
5．数学	数学スタディーズ	—	○	—	○	○
	数学SL、数学HL、	○	○	○	○	○
6．芸術	音楽	○	—	—	—	○
	美術	○	○	○	○	—

※薄い網掛けはHLのみ、濃い網掛けはSLのみであり、それ以外はSL/HL。ただし、AICJ高等学校の環境システムと数学スタディーズはホームページ上に記載がないため網掛けをしていない。また、グループ6ではグループ1から5までの科目から1つを選ぶことも可能であるが、本表では提供されている科目のみに着目しているため、省略している。学校名は略記。（各校ホームページより筆者作成。）

学基礎、生物基礎、コミュニケーション英語、家庭基礎、情報の科学など、学習指導要領で指定された必履修科目のほとんどが行われている。加えて、保健体育や総合的な学習の時間といった必履修科目も高校1年生から高校3年生までの全ての学年で取り込まれており、各学年の単位数は35単位ずつとなるようにカリキュラムが調整されている。このように、一条校であるIB認定校には、日本の学習指導要領とIBDPのカリキュラムの双方に従った教育を行うための工夫が求められていることがわかる。

　最後に、各校の進学状況を確認したい。各校の詳細な進学先はあまりに多岐に渡るため全てをあげることはできないが、国内の大学をみると、筑波大学や横浜市立大学等のIBディプロマ所持者対象の試験を実施している大学への進学が目立つ。一方で、海外への進学をみると、進学先の大学は実に多岐に渡っているが、進学先の国として、アメリカの大学への進学が最も多く、次いでカナダ、イギリス、オーストラリアが並び、ニュージーランドやフランスの大学への進学も少数みられる。このように、IB認定校の卒業生は、国内大学への進学はさることながら、海外大学への進学の可能性を広くもっていることがうかがえる。

　以上、日本におけるIB認定校の様相をみてきた。本章で取り上げたIB認定校は全て一条校の私立学校であり、国際的に活躍する人材を育成することを特色とする学校である。本稿で検討した、理念・校訓・教育目標、入学試験の概要、カリキュラム、進学先状況の4項目に関して、各校全てに共通した点は、①グローバルや国際教育といった文言を教育目標や教育理念に含んでいる、②英語での入学試験がある、③国内外の大学への進学があるという3点のみである。対して、日本人アイデンティティの育成を理念に明確に掲げるか、リーダー育成を明確に目指すか、どの国籍保有者を対象とするかなど育成する人材像には相違がみられ、IBのカリキュラムとして提供される内容や、学習指導要領とのすり合わせの方策など教育内容も一様ではない。このように、各校が育成しようとしているグローバル人材像の内実は多様であることが指摘できる。ただし一様ではないながらも、一条校であるがゆえ

に、政府が掲げる「生きる力」の理念など、学習指導要領の内容から大きく
逸脱することはなく、公教育として折り合いをつけながらIBDPが展開され
ていることがみてとれる。これらの結果から、一条校としてのIB認定校は、
公教育の一部として、各校の理念に沿って、多様なグローバル人材を育成す
る役割を担っていることが確認されるのである。

おわりに

　本章では、日本におけるIBの展開について、政策の展開、普及状況、IB
認定校の傾向的な特徴の3点に着目して検討を行ってきた。IB導入の政策
的背景には、1970年代頃から本格化した教育の国際化やグローバル化に関
する政策があり、特にIBが注目され始めたのは2011年頃であることが明ら
かとなった。そして、IBが注目された背景として、日本の現行学習指導要
領で基本的な理念とされる「生きる力」が目指す育成すべき人物像と、IBが
掲げる育成すべき人物像に親和性があるとされていることが確認された。さ
らに政府は、日本語DPの導入や学校教育施行規則の改正などIBDPの導入
を積極化するために特徴的な施策を講じていることがわかった。このように、
日本のIB政策では、政府主導で積極的な導入が試みられており、日本語DP
に象徴されるようにグローバルとローカルの融合を志向しながら、国際人と
しての日本人の育成にIBが貢献することが期待されている。

　一方で、IBの量的変遷や高大接続の観点からみれば、IBDPを導入した学
校数は政府の目指す200校にはほど遠く、大学側の入試面での対応も緒に
就いたばかりである。学習指導要領とのすり合わせという面からみても、施
策が講じられてはいるが、一条校の事例からは、学習指導要領と折り合いを
つけるために必修科目の配分を工夫する必要性がみてとれる。また、現状と
しては、私立学校が多数を占めており、経済的に余裕のある一部の家庭が主
要な受益者となる。ただし、2015年には東京都立国際高校が国内の公立校
として初めてIB認定校となり、札幌市、佐賀県、滋賀県、京都府でも公立

校への導入が検討されているという[47]。このように、IBの普及拡大には条件整備の点で克服すべき課題が数多く残っているが、日本におけるIBは公立学校へも更なる拡大の兆しをみせている点に特徴があるといえよう。

本稿で対象としたIB認定校5校は、もともと教育理念にグローバルや国際教育を含んでおり、国際的志向をもつ私立学校であった。これらの学校は、英語教育に力を入れ、国外の大学へも卒業生が進学しているなど、世界的に活躍する人材を育成するという役割をもっている。一方で、日本人としてのアイデンティティ育成を目指していたり、国内の大学にも進学者を出すなど、日本国内の高校としての役割も果たしていることが指摘できる。このように、日本におけるIB認定校の事例からは、通常の学校教育の一部としてもIB認定校が機能し得ることが示される。ただし、これらの学校では、理念や教育内容は一様ではなく、グローバル人材の内実の多様性が示唆された。

以上のように、日本において、IBは、政府による積極的な導入政策によって、公教育の一部として展開されているといえる。国全体としてみればまだ小規模な取り組みではあるが、今後の日本がグローバルに活躍する人材を輩出していくために、IBが公教育のなかで重要な位置づけにあることは明白である。本章では、文献資料をもとに分析を行ったため、各学校がいかに工夫してIBを導入したかという点や、生徒側がどのような動機でIB認定校に進学するかに関しては明らかになっていない。また、「グローバルな人材」の多様性として、日本語DPを実践する学校と外国語（英語）DPを実践する学校とで、育成すべき人材像（もしくは育成される人材）にどのような相違が生じるのかも検討の余地があるだろう。これらの点に関しては今後の課題としたい。

注（URLは全て最終アクセス2016年7月19日）
1　坪谷ニュウエル郁子『世界で生きるチカラ：国際バカロレアが子どもたちを強くする』ダイヤモンド社、2014年。
2　江里口歡人『IB教育がやってくる！：「国際バカロレア」が変える教育と日本の未来』松柏社、2014年。

40

3 渋谷真樹「教科外活動におけるグローバル能力の育成―国際バカロレア・ディプロマ・プログラムの「創造・活動・奉仕」に着目して―」『教育実践開発教育センター研究紀要』第23号、2014年、31-39頁。

4 渡邊雅子「国際バカロレアにみるグローバル時代の教育内容と社会化」『教育学研究』第81巻、第2号、2014年、40-50頁。

5 なお図1－1に示すように、義務教育修了後は、高校のみならず、高等専門学校や各種学校、専修学校一般課程など複数の選択肢がある。

6 進学率は、高等学校・中等教育学校後期課程・特別支援学校高等部の本科・別科及び高等専門学校へ進んだ者(通信制含む)。文部科学省平成27年度学校基本調査より(http://www.mext.go.jp/component/b_menu/other/__icsFiles/afieldfile/2015/12/25/1365622_2_1.pdf)

7 大学の学部・通信教育部・別科、短期大学の本科・通信教育部・別科、高等学校・特別支援学校高等部の専攻科への進学者である。また、進学しかつ就職した者を含む。

8 具体的には、①幅広い知識と教養を身に付け、真理を求める態度を養い、豊かな情操と道徳心を培うとともに、健やかな身体を養うこと。②個人の価値を尊重して、その能力を伸ばし、創造性を培い、自主及び自律の精神を養うとともに、職業及び生活との関連を重視し、勤労を重んずる態度を養うこと。③正義と責任、男女の平等、自他の敬愛と協力を重んずるとともに、公共の精神に基づき、主体的に社会の形成に参画し、その発展に寄与する態度を養うこと。④生命を尊び、自然を大切にし、環境の保全に寄与する態度を養うこと。⑤伝統と文化を尊重し、それらをはぐくんできた我が国と郷土を愛するとともに、他国を尊重し、国際社会の平和と発展に寄与する態度を養うこと、という5つ。

9 文部科学省の取り組み一覧は、文部科学省HP参照のこと(http://www.mext.go.jp/a_menu/kokusai/ib/1352960.htm)

10 宇田川春義『教育国際化の試み―1980年代～1990年代―』西東社、2008年、13頁。

11 文部科学省『文部科学白書』平成13年度。(http://www.mext.go.jp/b_menu/hakusho/html/hpab200101/hpab200101_2_013.html)

12 例として、2005年には「文部科学省における国際戦略(提言)」が出され、2007年から「グローバルCOE」、2008年には「留学生30万人計画」などが提示された。高等教育関係の政策が目立つため、本稿では詳述を避けた。

13 グローバル人材育成推進会議「グローバル人材育成戦略(グローバル人材育成推進会議審議まとめ)」2012年。(http://www.kantei.go.jp/jp/singi/global/1206011matome.pdf)

14 教育再生実行会議「これからの大学教育等の在り方について(第三次提言)」2013年。(http://www.kantei.go.jp/jp/singi/kyouikusaisei/pdf/dai3_1.pdf)

第 1 章　日本における国際バカロレアの展開　*41*

15　資料 3 － 3．平野文部科学大臣説明資料
（http://www.kantei.go.jp/jp/singi/global/suisin/dai1/siryou3_3.pdf）

16　IBO の HP より各校の認定年を確認し作成（http://www.ibo.org/programmes/find-an-ib-school/?SearchFields.Region=&SearchFields.Country=JP&SearchFields.Keywords=&SearchFields.Language=&SearchFields.BoardingFacilities=&SearchFields.SchoolGender=&SearchFields.ProgrammeDP=true&page=2）詳細は次の通り。1979 ～ 1989 年：5 校、1990 年：1 校、2002 年：1 校（加藤学園）一条校初、2004 年：1 校、2005 年：1 校、2007 年：1 校、2008 年：1 校、2009 年：2 校（一条校）、2010 年：1 校（一条校）、2011 年：1 校（一条校）、2012 年：1 校、2013 年：2 校 + 1 校（一条校）= 3 校、2014 年：1 校（一条校）、2015 年：1 校 + 5 校（一条校）= 6 校、2016 年：2 校（一条校）。

17　加藤学園暁秀高等学校・中学校 HP より（http://bi-lingual.com/about_us_011.php）。

18　文部科学省 HP（http://www.mext.go.jp/a_menu/kokusai/ib/1308004.htm）

19　該当校については文部科学省 HP を参照のこと（http://www.mext.go.jp/a_menu/koutou/shikaku/07111314/003.htm）

20　該当校については文部科学省 HP を参照のこと（http://www.mext.go.jp/a_menu/koutou/shikaku/07111314/006.htm）

21　IBJPN.com 国際バカロレア専門メディアより（https://ibjpn.com/ib/%E5%85%A5%E8%A9%A6%E5%AE%9F%E6%96%BD%E5%A4%A7%E5%AD%A6/）

22　文部科学省「平成 27 年度学校基本調査（確定値）の公表について」（http://www.mext.go.jp/component/b_menu/other/__icsFiles/afieldfile/2016/01/18/1365622_1_1.pdf）

23　文部科学省 HP（http://www.mext.go.jp/a_menu/kokusai/ib/1352960.htm）。

24　国際バカロレア・デュアルランゲージ・ディプロマ連絡協議会 HP（http://lc-ibdldp.jp/）

25　国際バカロレア・デュアルランゲージ・ディプロマ連絡協議会資料：DP のカリキュラム（http://lc-ibdldp.jp/ib/data/dp_curriculum.pdf）（2015 年 12 月 27 日取得）

26　ただし、グループ 6（芸術）は他のグループからの科目に代えることも可能。

27　坪谷、前掲書、2014 年、58-59 頁。

28　グローバル人材育成推進会議「グローバル人材育成推進会議　中間まとめ」2011 年（http://www.meti.go.jp/policy/economy/jinzai/san_gaku_kyodo/sanko1-1.pdf）

29　文部科学省・国際バカロレア普及拡大広報ページ 2016 年 6 月 30 日投稿内容より（https://www.facebook.com/mextib）

30　文部科学省 HP（http://www.mext.go.jp/a_menu/kokusai/ib/1308003.htm）

31　1 単位時間を 50 分とし、35 単位時間の授業を 1 単位として計算することが標準指標。

32 文部科学省「国際バカロレア・ディプロマ・プログラムの導入を促進するための教育課程の特例措置について」2015年。(http://www.mext.go.jp/component/a_menu/education/detail/__icsFiles/afieldfile/2015/10/13/1353392_03.pdf)

33 文部科学省の取り組み一覧 (http://www.mext.go.jp/a_menu/kokusai/ib/1352960.htm)

34 渋谷、前掲論文、2014年。

35 坪谷、前掲書、2014年。

36 江里口、前掲書、2014年。

37 AICJ は Academy for the International Community in Japan の略。

38 2015年度の数値。文部科学省HP より (http://www.mext.go.jp/a_menu/koutou/shinkou/07021403/006/1317006.htm)

39 玉川学園HP (http://www.tamagawa.jp/academy/ib/faq.html)

40 ぐんま国際アカデミー HP (http://www.gka.ed.jp/top_jhi.html)

41 玉川学園HP (http://www.tamagawa.jp/academy/ib/)

42 加藤学園暁秀高等学校・中学校HP (http://bi-lingual.com/index_j.php)

43 立命館宇治高等学校HP (http://www.ujc.ritsumei.ac.jp/ujc/)

44 AICJ 高等学校HP (http://www.aicj.ed.jp/downloads/2016shapprec.pdf)

45 加藤学園暁秀高等学校・中学校HP (http://bi-lingual.com/admission_021_j.php)

46 立命館宇治高等学校2016年度国際(帰国生徒・外国籍生徒)入学試験要項(https://www.ujc.ritsumei.ac.jp/ujc/common/file/admission/document/2016_junior_kokusai.pdf)

47 産経新聞記事。2014年4月17日。(http://www.sankei.com/life/news/140417/lif1404170018-n1.html)

第2章　中国における国際バカロレアの展開

李　霞

はじめに

　1966年から始まり、1976年にその幕を下ろした「十年の動難」と呼ばれる「文化大革命」は、中国の社会的機能を麻痺させ、国民経済を崩壊の危機へ追い込んだ恐ろしい出来事として世間から忘れられることはない。文化大革命後の廃墟から新たな出発を切り、復興の道を辿った中国経済は、今日GDP世界ランキング2位にあり、世界経済の行方にも大きな影響を及ぼすほど急速な成長を遂げた。中国経済の急成長には、1980年代から中国で始められた経済の復興・発展を目指した「改革開放」政策は無論のこと、とりわけ、経済発展を促す人材の育成が国策として取り組まれてきたことと密接に関係する。その一例として、世界トップレベルの大学を構築し、国際競争に勝ち抜くために必要な人材の育成を目指して、1990年代の後半から中国で実施されてきた「211プロジェクト」や「985プロジェクト」があげられる。世界諸国との科学技術の交流・連携を促し、中国の教育の国際化を導いたこれらの人材育成プロジェクトに続き、近年、人材の国際競争における重要な役割がよりいっそう認識されてきた中国では、「人力強国」[1]の実現に向けて、「国際業務や競争に参加できるグローバル人材」[2]の育成のために、教育の国際化がさらに推進されている。そうしたなか、国際バカロレア（以下、IBと略称）の導入が積極的に行われていることが新たな注目点になった。

　序章で述べたように、IBとは、一般的に、国家の枠を超えて世界で認められている大学入学資格とそのカリキュラムとして理解されている。また

IBは「異なる文化の理解と尊重を通じ、より望ましい世界かつ平和な世界を作り出すことに貢献しうる探究心、知性、そして寛容な精神のある若者を育てる」[3]ことを理念としている。この理念から、IBでは、特定の知識、価値の伝授ではなく、自ら知識、価値を発見し、創造する力をもち、優れた思考力、判断力とともに、責任感と奉仕する精神を有し、幅広い教養を身につけた国際的視野をもつ人間、とりわけ自主的で自立した人間の育成が目指されていることは自明である。

　一方で、中国といえば、学習者の自主的で自立した探究ではなく、教師による知識の伝授という伝統をもつ国である。何より中国人としてのアイデンティティの育成とともに、個人が集団、そして国へ奉仕することが美徳と認識されてきたナショナリズムを重んじる国であり、社会主義の後継者の育成が公教育の目標として位置づけられている印象を強くもたれる国である。これらのことから、IBプログラムと中国の公教育との間に矛盾や葛藤が存在していることがうかがえる。にもかかわらず、1991年に、最初のIB認定校が中国で導入されて以降、2016年7月までの約25年間、IB認定校の数は104校へと増え続けた。結果、現在中国は東アジア地域でIB認定校をもっとも多く抱える国となった。それだけではなく、従来の中国では、IB認定校は私立学校を中心に拡大する傾向があったが、近年の新たな動向として、政府の管理下に置かれている公立学校でのIBの導入が目立つようになっていることは看過できない。これらの事実から、中国ではIBの導入が必要となっていることがうかがわれる。それとともに、IBプログラムと中国の公教育との間に存在している矛盾や葛藤が、何らかの形で克服されていることも想定される。

　以上を踏まえると、IBの中国での導入の背景には何があったのか、IB導入の現状および実態はどうなっているのか、IBプログラムと中国の公教育との間の矛盾や葛藤を解消するためにどのような工夫が施されたのか、中国におけるIBの導入および適用を巡ってどのような課題がみられるのか、などの問いは中国の教育の国際化を考える際に触れなければならない問題とな

第2章　中国における国際バカロレアの展開　*45*

る。これらの質問に対する検討は、中国のグローバル人材の育成における
IBの役割を究明し、ひいては中国の教育の在り方を究明する手がかりにも
なる。このような問題関心のもとで、本章では、先行文献の整理とともに、
北京にあるIB認定校2校に対するフィールド調査で得た情報を踏まえて分
析を進める。

第1節　中国における教育の状況

　中国の普通学校段階は、小学（日本の小学校に相当、以下「小学校」とする）、
初級中学（日本の中学校に相当、以下「中学校」とする）、高級中学（日本の高等学
校に相当、以下「高校」とする）、大学へと続いており、基本的に日本と同じく
6－3－3－4制となっている。ただし、地域によって、小学校と中学校に
おいて5－4制を実施する場合も一部みられる。中国における現行の学校教
育システムは**図2－1**のようになっている。

　中国では、小学校の入学年齢については、法規上では6歳入学と定められ
ているが、7歳入学を実施しているところも多く存在する。また、小学校6
年間と中学校3年間を合わせた9年間が義務教育期間とされている。義務教
育段階の教育課程については、国家教育部（日本の文部科学省に相当）が、課
程編成の方針や教科の種類および各教科の教育内容に関する基準を定め、こ
れらをもとに、各省（自治区・直轄市を含む、以下同じ）では独自の教育課程を
策定する。教科書に関しては、1980年代末まで全国統一の国定教科書が使
用されていたが、1990年代に入ると検定教科書制度が導入されたことに伴
い、各地方で使用される教科書には多様化傾向がみられるようになった。

　他方、後期中等教育については、3年制の高校のほかに、職業技術教育を
行う中等専門学校、技術労働者学校、職業学校（職業高校）も存在している。
高校へ進学する際には、中学生たちは各省で実施される統一試験である「中
考」を受けなければならない。また、高校生は全国大学入試統一テストであ
る「高考」を受けることによって、大半が本科大学（「学士」の学位を取得するこ

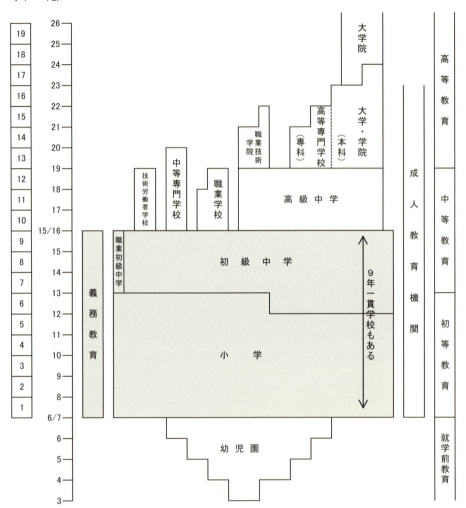

図2−1　中国の現行教育システム
出典：中国研究所編『中国年鑑2014』、毎日新聞社、2014、198-200頁を参照し、筆者作成

とができる4年制ないし5年制大学)、専科大学(日本の短期大学あるいは専門学校に相当する2年制ないし3年制大学)、職業技術学院のいずれかに進学することが図られるが、中等専門学校、技術労働者学校、職業学校(職業高校)の学生の一部も職業技術学院へ進学することが可能になる。さらに、中国には「成人大学」と呼ばれる高等教育機関も存在する。これは中国全国の成人高等教育統一テストに合格した高校卒業生、および同等の学力を有する学生を対象としたものであり、全日制のほかに通信教育、夜間学校など多様な形式で教育が行われている。なお、かつて「中考」や「高考」が全国統一試験である故、受験科目や問題が全国統一であったが、2000年代に入ってから、中央政府から各学校への権限委譲に伴い、各学校が自主裁量権をもつようになり、「中考」や「高考」における試験科目や内容についても各省、各学校で自主的に決めるようになりつつある。

　各教育段階における進学率をみてみると、すでに2014年には中国における小学校での就学率は99.8％に達しており、中学校や高校への進学率もそれぞれ98％と95.1％となった。また、高等教育機関への進学率も90.2％と高い数値を示している[4]。これらの数値から、現在、中国においては、義務教育がほぼ普及されていることや「大学全入」時代を迎えようとしていることがうかがわれる。

第2節　中国におけるIB導入の背景

(1)IBの導入を巡る政策的動向

　IBが中国で導入された背景には、グローバル化に対応するために、教育の国際化を推進することの重要性に対する中国政府の認識があった。他方、中国における教育の国際化に関する政策的提言については、1993年に出された中国共産党中央国務院の「中国教育改革と発展綱要」まで遡る[5]。

　1993年2月26日に、中国共産党中央国務院は「中国教育改革と発展綱要(以下、1993年「綱要」と略す)」を公布し、教育を優先的に発展させる戦略的地位

に置くことを宣言した。1993年「綱要」においては、「労働者の素質を高め、多くの人材を育成し、社会主義現代化建設に奉仕する」ことを目指して、それまでの学校教育において行われてきたような学習者の実態を無視し、試験に合格させるために知識を注入する「応試教育」に対する反省が行われ、既存の教育体制、教育思想、教育内容および教育方法の改革などに関する画期的な提言がなされた[6]。そのため、1993年「綱要」は20世紀末までの中国の教育改革の方向を定めたものとして、広く中国の政府関係者や教育研究者に認識されている。これだけではなく、1993年「綱要」において、「世界規模での経済競争、総合的な国力競争は実質的には科学技術と民族素質の競争である」と認識され、「教育の対外開放を拡大し、教育の国際交流と協力を強化し、世界諸国の教育の発展及び管理に関する成功経験を吸収する」[7]など、教育の国際交流と協力を強めることに対する呼びかけも行われた。このように1993年「綱要」は、中国の教育市場の対外開放を促す重要な政策文書となった。

1990年代の半ばに入ると、中国における経済体制の市場経済体制への転換に伴い、外国資本の中国市場への参入が盛んになった。それによって、在中国外国企業等に勤める外国籍職員の父母の移動に同行するその子女が中国で教育を受ける機会の確保が、中国社会において課題となりつつあった。この課題に対応するために、1995年4月5日に、当時の国家教育委員会(後の教育部)は「外国籍職員子女学校の設立に関する暫定管理弁法」を公布した。この「暫定管理弁法」は、在中国外国企業等の外国籍職員の子女が中国で教育を受けることに便宜を図ることを目指し、インターナショナル・スクールの設立に関するプロセス、資格などを示したはじめての政策文書であり、中国でのインターナショナル・スクールの設立・運営の規範化を図るものであった[8]。それ以降、1999年7月に、「小中学校における外国籍学生の受け入れに関する暫定管理弁法」[9]、2000年1月31日に、教育部の「高等学校における外国留学生の受け入れに関する管理規定」[10]等、いくつかの重要な政策文書が公布され、各教育段階の学校における外国籍学習者の受け入れに関する

詳細な規定が示されるなど、外国籍学習者の中国での就学に関する制度的な保障が整えられつつあった。さらに、2010年7月29日に、教育部は「国家中長期教育改革発展企画要綱(2010—2020)」を公布した。「人力強国」の実現を目指すこの「要綱」において、一章を設けて教育の対外開放の重要性を訴え、更なる教育の国際交流と協力を目指して、「優良な教育資源を輸入し、外国の学校、教育と科学研究機構及び企業と協力して教育教学、研究機構或は研究プロジェクトを設立・運営する」[11]ことなど具体的な提言も行われた。

　以上のように、これまで、IBの導入そのものに対する政策的な提言はみられないものの、IBの中国での導入は、総合的な国力競争に勝ち抜くことを目指す中国政府の積極的な推進と密接に関連していることは明らかである。教育の国際交流と協力に関する上記の政策が打ち出されてきたことは、1990年代以降、IBが続々と中国に導入されることを実現させた政策的根拠となった。

(2) 中国における海外留学の需要の増大

　IBの中国での導入の背景を考えるとき、近年高まりつつある中国人学生の海外留学の需要も無視できない。中国の国家教育部の統計によると、1978年から2014年までの36年間、中国における海外派遣留学生の人数は315万人を突破している。特に2001年に中国の世界貿易機関(WTO)加盟を機に、国の厳しい管理下に置かれていた私費留学が完全に自由化されて以降、私費留学生を中心に海外派遣留学生数は増加の一途を辿った(図2−2)。2014年だけを取り上げてみると、中国から海外へ留学した学生の総数は45万9800人に上ることがわかる。関連データによると、世界の海外留学生総数の約2割を中国人が占めており、中国は世界一の留学生送り出し国となっている[12]。

　また、従来、中国人留学生は海外の大学院に入り、修士学位の取得を目指すケースが主流であったが、近年、新たな傾向として、海外の学部や高校に留学するなど留学の若年化が顕著である。例えば、2010年に中国から海外

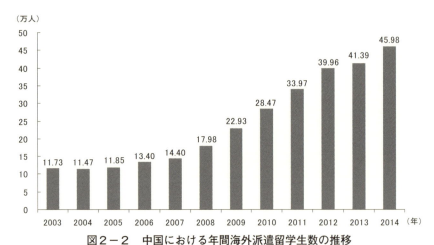

図2−2 中国における年間海外派遣留学生数の推移
出典：自治体国際化協会　北京事務所「中国の教育制度と留学事情」12頁。

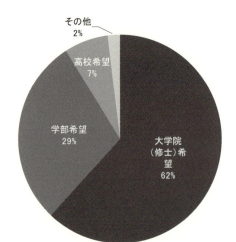

図2−3 2013年アメリカ留学を果たした学生の学歴分布
出典：「2013中国国際教育領域市場分析」
http://edu.ifeng.com/special/book/zuixin/detail_2013_12/20/32304892_0.shtml

留学を果たした学生のうち、高校生や高校以下の生徒の割合は19.8%であったが、2011年になると、海外留学を果たした学生のうち、高校生だけで全体数の22.6%を占めるようになった[13]。

この留学の若年化傾向について、アメリカ留学を果たした生徒や学生の学歴分布を例にとってみると、2013年に修士学位取得を目指す学生がアメリカ留学を果たした学生全体の約6割を占めており、残りの約4割は学部や高校への留学を目指す学生となっている（図2－3）。さらに、高校以下の生徒の留学に注目すると、2006年にはアメリカへの留学を果たした中学生は僅か65名であったが、この数値は2011年に100倍以上増え、6725人に達し、2013年に約400倍の23,975名まで増えていたことが図2－4から確認できる。

中国人学生の留学の若年化傾向が生じた背景として、まず、中国における大学受験の事情をあげておきたい。近年、中国では毎年約1000万人の高校卒業生が大学入試を受けるが、大学側が受け入れる学生数は約600万人程度に留まっている[14]。つまり、毎年受験生の4割を占める高校卒業生が淘汰され、大学に入れないことになっている。このことから、中国国内の大学入

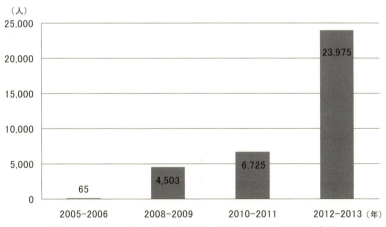

図2－4　アメリカの私立高校で留学している中国人生徒
出典：自治体国際化協会　北京事務所「中国の教育制度と留学事情」12頁。

試が選抜的な色彩の濃いものであり、難しいものであることがうかがわれる。したがって、希望する大学に入れなかった高校卒業生は海外留学という選択肢を選ぶケースも少なくない。

次に、国民経済の飛躍的な発展によって、中国の学生やその親が留学について興味を示すようになってきたことがあげられる。中国青少年研究センターが2012年4月に発表した調査結果によると、中国の中学生や高校生の70.1％が、海外留学に興味をもっている。子どもが海外へ留学することについて肯定的な考えをもつ親も79.9％と高い割合を示している[15]。また、近年、毎年約20万人の高校生が留学のため、中国国内での大学受験を諦めているとも報道されている[16]。今後、多くの家庭が経済力をもつようになるにつれて、中国人学生の海外留学がさらに増大することが予想される。

一方で、若年であるゆえ、留学生が海外での生活に不適応を起こしたり、各種のトラブルに巻き込まれたりすることもしばしば報道されている[17]。そのため、子女の身の安全を憂慮する多くの保護者は、高校段階まではその子女に国内で実施されている外国の教育プログラムを受けさせるという選択肢を選ぶケースも増えている。他方、国としても、留学の若年化に伴い、大量の富が海外に持ち出されることについて全く危機意識をもたないとは考えにくい。国内に高まりつつある海外留学の需要に対応しながら、より多くの富を国内に留まらせるためにも、中国政府は海外の先進的な教育プログラムの中国国内への導入を認めざるを得ないという実態があったことも考えられる。

このように、政府主導の教育の国際化を巡る政策の策定だけでなく、中国人学生やその親の海外留学に対する需要の増大、国内の富の海外への流出に対する政府の懸念などが、IBを含む海外の教育プログラムが中国に導入されるきっかけとなった。

第2章　中国における国際バカロレアの展開　53

第3節　中国におけるIB導入の現状

(1) 中国におけるIB認定校の展開状況

　1991年に最初のIB認定校が中国で誕生した。その後、教育の国際交流と協力が重視されつつあるなか、IB認定校が中国で増え続け、2016年7月末時点で、その数は104校に上ることとなった。これらのIB認定校の地域的な分布は**表2－1**の通りである。

　表2－1から、中国におけるIB認定校の分布は、主に上海、北京、江蘇、広東といった経済発展が進んでいる地域に集中している一方で、中国の内陸部に位置し、経済発展水準がそれほど高くない河南省、湖北省、湖南省の3省の合計でわずか3校に留まっていること、経済発展の遅れている西部地域においては陝西省の2校を除いて、ほとんどの省にはIB認定校が設置されていないことがわかる。経済格差が教育にも影響を及ぼし、地域的な教育の格差が大きな課題である中国にとって、新型で質の高い教育とみなされているIB認定校のこうした分布状況は、教育の格差の拡大に拍車をかける不安材料として懸念される点である。

　他方、1991年にIB認定校が誕生してから今日まで、その増加の状況を整理してみると**図2－5**の通りである。図2－5から、1991年に最初のIB認定校が中国で誕生して以降、2000年まではその増加は非常に緩やかであったが、2000年以降、IB認定校が急激に増加してきたことがみてとれる。なお、IBの導入においてはDPプログラムの増加が著しく、2016年7月末現在中国全104校のIB認定校のうち、IBDPを導入している学校は87校に上る。さらにIBDPを導入している学校だけをみてみると、近年、公立のIB認定

表2－1　中国におけるIB認定校の分布状況

上海	北京	江蘇	広東	四川	天津	浙江	福建	山東	陝西	湖北	湖南	河南	吉林	江西
29校	19校	16校	15校	7校	3校	3校	2校	2校	2校	1校	1校	1校	2校	1校

IBOホームページを参照して筆者作成。

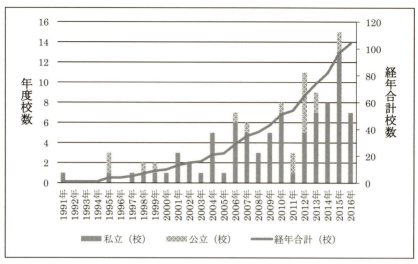

図2−5　中国におけるIB認定校の設置状況（全体）

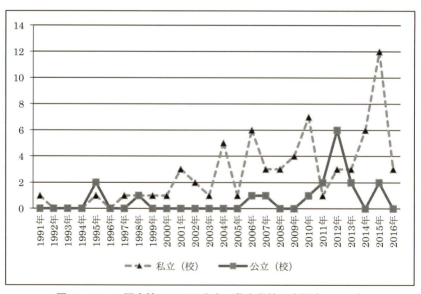

図2−6　IB認定校における公立・私立学校の内訳（DPのみ）
図2-5・図2-6はIBOホームページを参照して筆者作成

校の設置が目立っていることが図2-6から確認できる。なお、IB認定校の増加にみられるこれらの傾向は、先述した教育の国際交流と協力を促す政策文書の公布や、中国における海外留学に対する需要の増大と密接に関連していると考えられる。

続けて、中国におけるIBDPの認定試験の受験者数に着目すると、近年その数が徐々に増加していることが図2-7で確認できる。その内訳をみてみると、2014年まで、中国籍の受験者数が中国のIB認定校に在籍する受験者数よりわずかに下回っていたが、2015年を機に、この状態が逆転し、中国籍の受験者のほうが、中国のIB認定校に在籍する受験者数をわずかに上回ることとなった。このことから、従来、IBディプロマを手に入れるために、中国籍の生徒は中国国内のIB認定校に入学することが主流であったが、2015年以降、中国国内のIB認定校だけではなく、海外のIB認定校に入学するという選択を選ぶケースも増えてきたことが示唆される。他方、中国国内のIB認定校に在籍している生徒のほとんどは中国籍所持者によって占め

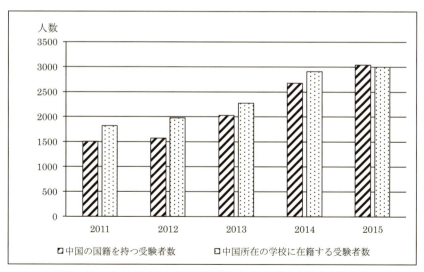

図2-7　中国のIBDPの認定試験における受験者数の変遷（人）
出典：International Baccalaureate Organization, *Diploma Programme Statistical bulletin*, 2011, 2012, 2013, 2014, 2015の各資料より筆者作成。

られていることも明らかである。

　さらに、中国国内のIB認定校の授業料についてみてみよう。中国のIB認定校は公立・私立を問わず、その授業料は一般の公立学校と比べて高く設定されていることが特徴である。2014年1月に筆者が実施した中国の複数のIB認定校に対するフィールド調査から、これらのIB認定校の年間授業料の設定は学校によって著しく異なっており、その幅が公立学校の年間授業料のおおよそ数倍から数十倍にわたっていることが判明した。このことから、中国にはIB認定校が授業料を設定する際に参照すべき共通の基準が存在していないことがうかがえる。それとともに、中国におけるIBプログラムはかなりの収入を得ている一部の富裕層の子弟のために用意されているものであることがわかる。

　以上にみてきたように、年々増えるIB認定校やIBDP受験者の数から、現在、IBは中国で受け入れられつつあることがうかがえる。特に、公立IB認定校の増加から、IBは中国の公教育制度に位置づけられつつあるように思われる。では、IBの中国の公教育制度における位置づけはどうなっているのか、この問題を究明するために、次項において、中国の大学入試制度に続き、高大接続におけるIBディプロマの取り扱いについてもみていく。

(2) 中国の高大接続におけるIBの位置づけ

　1977年に、大学入試制度が中国で再開されて以来、今日まで約40年間、大学入試は中国社会における人材選抜の有効手段として大いに脚光を浴びてきた。中国では、毎年6月7日から9日の3日間にわたって、「全国大学入試統一テスト」（中国語では「普通高等学校招生全国統一考試」という、以下「全国統一入試」とする）が実施されている。同テストは、教育部入試センターと各省の入試委員会が共同で管理運営し、日本のセンター試験に相当するが、日本のように各大学が実施する2次試験は行われない。受験生は自己採点した結果をもとに志望校を決めて願書を提出し、統一テストの結果により各大学から合否判定が通知される。試験科目はいわゆる「3＋1」式で、省によっ

て若干異なるが、基本的に必須科目の国語、数学、外国語の3科目に加え、文科総合あるいは理科総合のいずれかを選択することとなる。文科総合は、政治、歴史、地理の3科目の内容から、理科総合は物理、化学、生物の3科目の内容から出題される[18]。

　先述したように、中国の全国統一入試は優勝劣敗という厳しい選抜機能を果たしているものであり、この全国統一入試を主とする中国の大学入試制度は、「一回の試験が人生を左右する」制度と広く国民の間で呼ばれ、「真に才能のある学生が一回の失敗で人生を無念のうちに終わらせてしまう可能性のある制度」[19]と批判されている。また、学生たちの思想が大学入試というレールに束縛されてしまいがちということに対する懸念も聞こえる[20]。さらに、地域間の格差が大きく存在している中国では、地方人口の都市部への移動を制限する方策の一環として、大学が合格ラインの設定を受験生の本籍所在地によって変えている。すなわち、同じ大学を受けても、都市部の受験生の合格ラインは低く、地方出身の受験生の合格ラインは高く設定されている。そのため、この大学入試制度は、教育の機会的不平等を生じさせるものとも指摘しなければならない。

　このような弊害を持つ入試制度を改善し、学生の入試への圧力を軽減するとともに社会的公正を促すことを目指して、2000年代に入ってから、中国政府は大学における学生の自主募集を許可したり、各省、市、自治区での自主的な大学入試の実施を認めたりするなど、大学入試を巡って活発な施策がなされてきた[21]。

　しかし、中国で何十年も実施されてきたこの大学入試は多くの機関や学校、国民に関わるものであるため、この入試制度に対する改革が一朝一夕に実現できるものでないことはいうまでもない。このことは、IBディプロマを中国の大学入試に取り入れることに対して消極的な態度を示し続けてきた中国政府の態度からもうかがえる。先述したように、IBの中国での導入は、総合的な国力競争に勝ち抜くことを目指す中国政府の積極的な推進と密接に関連している。しかしながら、これまで中国ではIBに関する政策的な提言が

58

みられない。とりわけ、現在、IB ディプロマは中国の高校の卒業資格として認められているものの、中国国内の大学への進学資格としては認められていない。そのため、IB 認定校の生徒は中国の高等教育機関へ進学することができず、彼らには海外の大学へ進学する道しか残されていない。このように、中国では、IB が積極的に導入されてきたとはいえ、高大接続におけるIB ディプロマの取り扱いからもうかがえるように、IB を公教育に融合させておらず、IB と中国の公教育との間には埋められていない溝が存在しているのである。

第4節　中国における IB 認定校の実態調査

　中国における IB 認定校の実態を探るため、本節では、北京市私立汇佳学校 (以下、「汇佳学校」と略す) および中国人民大学附属高校国際部のIBDPを事例として検討する。この2校を選定した理由は以下の通りである。まず、汇佳学校は現在、中国で最も規模の大きい IB 認定校であり私立学校である。一方で、中国人民大学附属高校は中国教育部直属の重点学校であり、IB の導入において政府が関わった公立学校である。

　私立と公立の学校を分析の対象に選定したのは、公立・私立を問わず中国でのIBの導入にみられる共通点を見出すことを通じて、中国でのIBの導入の実態や、IB プログラムと中国の公教育との間に存在する矛盾や葛藤の解消の方法をつかめると考えたからである。では、中国における IB 導入の実態はどうなっているのか、次項において、汇佳学校についてみていく。

(1) 汇佳学校の実態調査

　中国における私立学校のリーダーと称される汇佳学校は、北京市北西部の昌平区に位置する。11.3万平方メートルという広いキャンパスを持ち、2014年1月の調査時では、児童生徒約2500人、教職員 (中国籍および外国籍) 500人以上を抱える中国大陸で最も規模の大きいIB認定校であり、中国籍

の生徒の受け入れが可能となった中国最初のIB認定校である。当該校においては、1997年10月にIBのDPプログラムの導入が認定され、2002年にIBのPYP、MYPプログラムを導入することも実現された。当該校は1998年に最初のIBDPの生徒の募集を開始して以来十数年間、世界諸国の名門大学へ数多くの卒業生を送り出した。

　当該校は生徒を「偉大な中国人」に育てることを目標としている。この「偉大な中国人」とは極端な民族主義者を意味するのではなく、「祖国を思う心をもち、世界に貢献できる人間」という意味合いが込められているという[22]。また、当該校の掲げている教育理念は「新型・高品位・国際化」と8文字でまとめられる。まず「新型」とは、従来の試験に応じるために行う教育に対する革新を意味するものである。次に「高品位」とは、教育のハイクオリティー、高水準、高い効率を意味するものである。さらに、「国際化」とは、世界に開かれた高い国際水準をもつという意味合いを示している[23]。

　汇佳学校の教育方針は「三自」、「四会」、「五有」と概括できる。「三自」とは、自尊、自律、自強であることを意味しており、独立した自律的な人間になるよう、学校の教育活動における生徒の良好な生活・学習習慣の育成に重点が置かれている。「四会」とはピアノ、水泳、英語、コンピューターを習得することを意味しており、「四会」を確実に習得させるために、中国語以外の科目の授業を英語で実施することに徹した上、プール、コンピューター室、個人練習用のピアノ室も整備されている。そして「五有」とは、マナー、科学的頭脳、健全な心身、芸術的修養、社会に奉仕する精神を有することを意味している[24]。

　当該校では、IBDPのカリキュラムの構成はIBOの定めているTOK・EE・CASの3つの活動領域の6つの探究教科群に従い、言語A（中国語）、言語B（英語）、歴史、哲学、経済、商業管理、物理、化学、生物、数学、メディア芸術の11の教科目が開設されている。

　これら11教科目の6つの探究教科群における位置づけは表２－２の通りになっている。なお、カリキュラムの履修については、すべてIBOの定め

表2-2　汇佳学校におけるIBDPカリキュラム

6 Subject Groups/六つの探究教科群	
Group 1	LanguageA 1　第一言語　文学
	言語A（中国語）
Group 2	Second Language　第二言語　言語と文学
	言語B（英語）
Group 3	Individuals and Societies
	歴史・哲学・経済・商業管理
Group 4	Experimental Sciences
	物理・化学・生物
Group 5	Mathematics and Computer Science
	数学
Group 6	The Arts
	メディア芸術（美術・音楽・演劇）

汇佳学校募集要項を参照して筆者作成

ている基準に従うという。また、各教科の教科書については、IBOの紹介
している書物から、各教科の担当教員が自主的に選択することとなってい
る[25]。

　そして、汇佳学校が独自の入試システムをもつことも注目に値する。即ち、
汇佳学校のIBDPに入るためには、中国全国で行われる高校入試（「中考」）の
成績が重要である。まず、高校入試全科目570点満点（2014年1月時点）のう
ち500点以上を取得することが条件とされている。500点をクリアした受験
生は、当該校で独自に実施する面接および筆記試験もクリアしなければなら
ない。面接は、長文読解とともに、受験生に文章を読んだ後の感想を述べさ
せることが中心となっている。他方、筆記試験は、受験生にいくつかのテー
マを与え、そこから1つのテーマを選択してもらい、作文を完成させること
が主な形である。

　IBは本来外国で働く父母に連れられ、海外へ渡航している子どもたちが

将来母国に戻るときに母国で受ける教育と順調に接続することを趣旨としていることから、IB認定校は基本的にはホスト国以外の国籍を有する子どもを受け入れることを前提にしている。しかし、この点について汇佳学校は異なる特徴をもっており、2014年1月時点で、在籍中の児童生徒約2500名のうち、外国籍を有する者は僅か100名あまり、つまり、中国籍を有する者がほとんどである。

　1998年に最初のDPプログラムの受講生を募集して以来、2014年1月時点まで、当該校は約1500名の卒業生を輩出し、これらの卒業生全員は海外大学への進学を果たしているという。なお、その進学先について詳しくみていくと、90%はアメリカの大学で占められており、残り10%はカナダ、イギリス、オーストラリア、スウェーデン、香港などの大学となっている。卒業生全員の海外進学を促した要因の一つに、IBディプロマは中国国内の大学への進学資格として認められていない実情があったことが、当該校の責任者に対するインタビュー調査から確認された[26]。

　汇佳学校はIBDPの受講生に年間授業料として日本円で約300万円を徴収しており、その値は普通の公立学校の20倍以上にも達している。ただし、当該校は成績の優秀な受講生を対象に奨学金制度も設けている[27]。そのほかにも、すべての児童生徒が快適かつ安全な学校生活を送れるように、家庭的な雰囲気を備える寮の整備を始め、PYP、MYP、DPプログラムごとに食堂が設けられ、さまざまな民族、風習を配慮した豊富なメニューを提供することや、24時間体制で児童生徒の健康管理を担う検診部の整備など、中国の普通の公立学校にないサービスが充実している。

(2) 中国人民大学附属高校国際部の実態調査

　中国人民大学附属高校は北京市中心部の繁華街に面している、敷地面積約9.5万平方メートルを有する学校である。また、中国教育部に直属する重点学校であり、北京市で最初に指定されたモデル高校の1つである。中国人民大学附属高校は、多くの生徒が国際、国内の発明大会や各教科のコンテスト

において、優れた成績を残している学校であり、卒業生のほとんどが清華大学、北京大学、中国人民大学等中国国内の名門大学へ進学する、中国国内トップの公立高校である。

当該校は1999年にイギリスの大学入学資格を取得するためのカリキュラムA-level (General Certificate of Education, Advanced Level) プログラムおよび、アメリカの大学入学資格を取得するためのカリキュラムAP (Advanced Placement) プログラムを導入したが、教育対象を中国国籍を所持する生徒に限定していた。2002年に北京市人民政府によって、当該校の外国籍生徒の受け入れが許可され、調査時点の2014年1月には、24カ国の約200名の外国籍の生徒が在籍している。A-level・APプログラムに加えて、当該校は2012年にIBDPを導入したことで、現在、A-level・AP・IBDPの3つのプログラムが併存状態にある。また、2013年にIBDPの生徒を募集しはじめたため、2014年調査時点では、IBDPの卒業生はまだ誕生していないが、IBDPの導入において政府が関わった公立学校であることは注目に値する。

当該校におけるIBDPは「世界平和の使者」の育成を教育目標としている。また、「世界平和の使者」となるものとして、徳・知・体の全面的発達に加え、著しい特技をもつこと、革新的精神と高尚な品徳を備えることも求められている。当該校が掲げている教育理念は「個性の尊重、潜在力を引き伸ばし、すべては生徒の発達のため、祖国の発展のため、人類の進歩のため」といったものである。また、自らの目指している教育目標、掲げている教育理念を実現させるために、「すべての生徒に適した教育を創造する」という教育方針を打ち出している[28]。

当該校におけるIBDPのカリキュラム構成はIBOの定めているTOK・EE・CASの3つの活動領域の6つの探究教科群に従って、言語A(中国語)、言語B(英語・スペイン語・フランス語)、歴史、哲学、経済、商業管理、心理学、物理、化学、生物、設計、環境システム、数学、メディア芸術など複数の教科目が開設されている。これらの教科目の6つの探究教科群における位置づけは**表2−3**の通りになっている。

第2章　中国における国際バカロレアの展開　*63*

表2－3　中国人民大学附属高校国際部のIBDPカリキュラム

6 Subject Groups/六つの探究教科群	
Group 1	LanguageA 1　第一言語　文学
	言語A（中国語）
Group 2	Second Language　第二言語　言語と文学
	言語B（英語・スペイン語・フランス語）
Group 3	Individuals and Societies
	歴史・哲学・経済・商業管理・心理学
Group 4	Experimental Sciences
	物理・化学・生物・設計・環境システム
Group 5	Mathematics and Computer Science
	数学
Group 6	The Arts
	メディア芸術（美術・音楽・演劇・映画など）

中国人民大学附属高校国際部DP紹介資料を参照して筆者作成

　ここで特筆すべきは、当該校におけるIBDPプログラムにおいては、選択科目を150種類以上開講している一方で、『個人と社会』という探究教科群で取り扱う教科は「歴史・哲学・経済・商業管理・心理学」など一般的な社会教養に関連する教科目に限定しており、「民主・自由・人権」など西洋の普遍的な価値を取り扱うセンシティブな教科の開設を避けていることである。また、世界文化を履修する中で中華文化を主として扱っていることも調査によって明らかとなった[29]。

　中国人民大学附属高校国際部のIBDPプログラムを受講するための資格として、汇佳学校と同様に、中国全国で行われる高校入試（「中考」）の成績が重要である。ただし、ここでの合格ラインは汇佳学校よりも高く、高校入試科目全体570点満点（2014年1月時点）のうち545点以上が求められており、とりわけ、高い英語力が求められている。ここでも、545点に達した応募者は、当該校で独自に実施される面接および筆記試験をクリアしなければなら

ない。なお、面接および筆記試験の内容や方式などは汇佳学校と似ている。さらに、成績が優良という条件だけではなく、中学校での日常の品行も選考の視野に入れられており、応募者の出身中学校の推薦書も求められている[30]。

2013年まで、IBDPのカリキュラムを履修する生徒は全員が中国籍であったが、2014年度から外国籍の生徒の募集も行われるようになった。また、当該校に対する調査を行った2014年1月時点では、IBDPを履修した卒業生はまだいないが、IBDPを受講している生徒全員が海外大学への進学願望をもっており、約95％の生徒はアメリカやイギリスの大学への進学を希望していることが判明した。なお、汇佳学校と同様にここでも、生徒全員が海外進学の希望をもつ背景の一つに、IBディプロマは中国国内の大学への進学資格としては認められていない現状があったことが調査によって明らかとなった[31]。

中国人民大学附属高校国際部は現在、IBDPの受講生から日本円で年間約180万円の授業料を徴収している。それと同時に、受講生を対象に、①優秀外国籍生徒奨学金、②優秀卒業生奨学金、③TOEFL・SAT・GRE・GMAT・ACT・SSATなど、海外大学への進学資格の取得と関連する奨学金も設けられている。

(3) 考察

以上、汇佳学校および中国人民大学附属高校国際部に対する調査を基に検討してきた。ここでは、この2校に対する調査を踏まえて、中国におけるIB導入の実態およびその適用の課題について考察を試みたい。

まず、汇佳学校の掲げている教育理念および教育目標についてみてみよう。そこでは、従来の試験に応じるために行う教育に対する単新が訴えられ、世界に貢献する意識をもつ人間の育成が目指されている点、また、そのカリキュラムの構成はIBOの定めている枠組みに従っている点から、IBの理念を受容していることがわかる。しかし一方で、「新型・高品位・国際化」という教育理念は、教育というサービスを提供する側に立脚した提言であり、教育

を受ける側の児童生徒個人の発達に対する言及が欠けているため、IBの理念とのずれが確認される。とりわけ、当該校の教育目標は児童生徒を「偉大な中国人」に育てることとされており、中国人としてのアイデンティティの育成という公教育の目標が先行しているようにみえるため、特定の価値観の育成を避けるIBで目指されている人間像から逸脱する点となろう。特に後者はIBが中国で導入される際に中国の公教育による影響を受けた点であると考える。

　他方、中国人民大学附属高校国際部の掲げている教育理念・目標・方針では学習者個人の発達に対する配慮がされており、カリキュラムの構成もIBOの定めている枠組みに従っているため、IBの理念を受容していることがうかがえる。しかし一方で、当該校での教育理念・目標・方針において、生徒個人の個性や発達に対する提言が提言のままに留まっており、育成すべき資質の中身について具体的な検討がなされていないことが気になる点である。特に当該校の掲げている教育理念に示されている「個性の尊重、潜在力を引き伸ばし」といった表現から生徒の個人としての発達を重視しているように読みとれる。しかし、それは「祖国の発展のため」、「人類の進歩のため」のものと位置づけられているため、結局のところ、生徒個人の発達が「祖国の発展」という公教育の目標を実現させるための方法手段と捉えられていることが推測され、中国のナショナリズムによる影響がうかがわれる。何より、当該校のカリキュラムの構成においては、「民主・自由・人権」などを取り扱うセンシティブな教科の開設を避けることに加え、世界文化の履修においても、中華文化を主としていることは、IBが導入される際に、中国の公教育に大きく影響されていることを示している点である。

　このように、両校の掲げている教育理念・目標およびカリキュラムの構成とIBのそれと比較してみると、IBの教育理念や目標が中国でも受容されていることがわかった。一方で、中国におけるIB認定校の教育理念・目標やカリキュラムの構成にはIBが目指すものとの相違点も多く確認された。特に、育成すべき学習者の資質について具体的な言及がなされておらず、中国

の公教育の目標も取り入れられている実態が確認され、注目に値する。これは中国のIB認定校におけるIBプログラムと本来のIBプログラムとの最大の相違点であり、IBプログラムと中国の公教育との矛盾や葛藤を解消するために、中国のIB認定校が施した工夫であるようにみてとれる。

次に、調査した2校においては、IBDPの受講者を選抜するための独自の入試システムをもっていること、生徒は中国籍を所持している者がメインとなっており、全員が海外の大学への進学願望をもっていること、そして高額の授業料が徴収されていることが共通点として明らかとなった。これらのことから、中国におけるIBプログラムは一部の富裕層の子弟の海外進学を手助けするための高価な教育というイメージが払拭されず、中国における教育の格差をさらに広げる恐れがあると指摘できよう。

何より、事例として取り扱った2校に対する調査から明らかになったように、IBディプロマは中国の高校の卒業資格として認められているものの、中国国内の大学への進学資格としては認められていない。つまり、IBは中国国内の高等教育部門へ接続されておらず、中国の公教育との間に埋められていない溝が存在している。この溝の存在は「優良な教育資源を輸入し、外国の学校、教育と科学研究機構及び企業と協力して教育教学、研究機構、或は研究プロジェクトを設立・運営する」[32]ことを通じて「国際業務や競争に参加できるグローバル人材」[33]を育成することを標榜する中国の教育政策に反するものであるようにも思われる。

おわりに

国際競争に勝ち抜くカギとなるグローバル人材を育成するために、教育の国際化の一環として中国でのIBの導入が急速に進められている。また、匯佳学校および中国人民大学附属高校国際部での取り組みに対する調査から、IBの目指している教育理念、目標およびカリキュラムの構成が確かに現在の中国においても受容されており、IBプログラムは中国の教育システムに

取り込まれるようになりつつあることが確認された。

　しかしながら、この2校における教育理念・目標、さらにカリキュラムの構成に対する中国の公教育からの影響も判明した。とりわけ中国の公教育の目標や理念も自らの教育目標・理念に加え、中国のナショナリズムを重んじる中国のIB認定校の実態から、IBプログラムと中国の公教育との間の矛盾や葛藤を解消するために施された工夫としては、中国の公教育の目標や理念をそのままIBプログラムに付け加える形になっていることが明らかとなった。さらに、中国におけるIB認定校の生徒の国籍事情や、進学ルート、大学入学資格の認定などが通常の公教育と異なっており、IBが主に海外大学向けの進学プログラムとして位置づけられていることや、通常の公教育との間に埋められていない溝のようなものが存在していることも確認された。これらのことから、現在、IBは中国の公教育制度に取り入れられておらず、中国の目指しているグローバル人材の育成において、単なる方法手段として捉えられているといわざるを得ない。

　そのほかにも、IBは現在の中国においては高価な教育であることや、IB認定校の分布状況から、IBの導入は中国における教育格差の拡大につながるという懸念が生じる。また、IB認定校によって、合格ラインの設定、カリキュラムの設置、授業料の徴収などにおいては、相違点も多く確認された。これらの相違点の存在からは、IBの導入および適用に関する中国政府の介入があくまで政策的なレベルでの検討に留まっており、IBの設置・運営に関する法律や制度の整備が欠けていることがいえよう[34]。したがって、今後、IBディプロマの大学入学資格における位置づけに対する検討とともに、IB認定校への管理に関する制度、法律の整備も即急に解決すべき課題であろう。

　本章では北京にあるIB認定校2校という非常に限られた事例をもとに考察を行ったため、得られた知見は限定的なものである。今後、中国におけるIBの導入の普遍的な状況とともに、地域間・学校間の格差がIB認定校の教育・運営に与える影響等を踏まえて、中国におけるIBの位置づけと役割の解明を引き続き課題としたい。

注

1 2010年6月6日、中国共産党中央「国家中長期人材発展計画綱要 (2010-2020)」。

2 2010年4月1日、中国共産党中央「国家中長期教育改革発展計画綱要 (2010-2020)」。

3 相良憲昭・岩崎久美子編『国際バカロレア－世界が認める卓越した教育プログラム』明石書店、21頁、2011年。

4 「中国統計年鑑2015」www.stats.gov.cn/tjsj/ndsj/2015/indexch.htm アクセス:2016/3/9

5 北京師範大学教育学部準教授李家永へのインタビュー、北京、2013/10/20。

6 1993年2月26日、中国共産党中央国務院「中国教育改革と発展綱要」。

7 同上。

8 1995年4月5日、中華人民共和国教育委員会「外国籍職員子女学校の設立に関する暫定管理弁法」。

9 1999年7月21日、中華人民共和国教育部「小中学校における外国籍学生の受け入れに関する暫定管理弁法」。

10 2000年1月31日、中華人民共和国教育部「高等学校における外国留学生の受け入れに関する管理規定」。

11 前掲書、中国共産党中央「国家中長期教育改革発展計画綱要 (2010-2020)」。

12 自治体国際化協会北京事務所「中国の教育制度と留学事情」12頁。http://www.clair.or.jp/j/forum/pub/docs/427.pdf アクセス：2016/2/23

13 「中国海外留学市場分析報告」6頁、http://www.eol.cn/html/lx/2014baogao/content.html アクセス：2016/2/23

14 「米国留学は高校からが今の中国流」『日経ビジネス網』(2014/10/21) http://business.nikkeibp.co.jp/article/report/20141020/272794/ アクセス：2016/2/23

15 前掲書、北京事務所「中国の教育制度と留学事情」12頁。

16 「海外の大学に進学を希望する高校生は20万人、中国の大学は受験せず」http://www.recordchina.co.jp/a46838.html アクセス：2016/2/23

17 「中国人だらけの学校に留学する中国人」『人民網日本語版』(2012/12/24) http://j.people.com.cn/94475/8068187.html アクセス：2016/2/25
「赴米中国留学生難適応圧力　心理問題多発頻醸悲劇」『中国新聞網』(2014/12/12) http://www.chinanews.com/hr/2014/12-12/6870679.shtml アクセス：2016/2/25

18 Science Portal China　アクセス：2016/6/21 http://www.spc.jst.go.jp/education/higher_edct/hi_ed_3/3_2/3_2_1.html

19 Science Portal China アクセス：2016/6/21 http://www.spc.jst.go.jp/hottopics/1509/r1509_wangx.html#note3

20 同上。

第2章　中国における国際バカロレアの展開　69

21　北京師範大学洪成文教授へのインタビュー、北京、2014/1/23。2010年4月1日、中国共産党中央「国家中長期教育改革発展計画綱要 (2010-2020)」。横松 良介「中国の学校教育制度と大学入試制度改革」北京研究連絡センター
http://www.jsps.org.cn/jspsbj/site/ywjsch/downfile.jsp?action アクセス：2016/5/25
中国教育部「関于加强和改进普通高中学生综合素质评价的意见」
www.moe.edu.cn/srcsite/.../W02015092460371836060656.pdf　アクセス：2016/5/20

22　汇佳学校主任張氏へのインタビュー、北京、2013/10/16および2014/1/16。

23　同上。

24　同上。

25　同上。

26　同上。

27　同上。

28　中国人民大学附属高校国際部主任王氏および学術校長James.Battenへのインタビュー、北京、2014/1/15。

29　同上。

30　同上。

31　同上。

32　2010年4月1日、中国共産党中央「国家中長期教育改革発展計画綱要 (2010-2020)」。

33　同上。

34　中国人民大学附属高校国際部主任王氏へのインタビュー、北京、2014/1/15。

第3章　韓国における国際バカロレアの展開

全　京和

はじめに

　本章では、大韓民国 (以下、韓国) における IB 導入の政策的背景と普及状況を整理し、IB 認定校3校の事例調査から、韓国の公教育[1]における国際バカロレア (International Baccalaureate、以下 IB) の位置づけを明らかにする。

　最初に、韓国の社会的状況について簡単に説明することからはじめたい。韓国の現在の政治体制は、大統領を元首とする立法民主共和制である。経済的背景について述べると、1970年代以降に「漢江の奇跡」と呼ばれる急激な経済発展を遂げ、1996年にはアジアで2番目に OECD (経済開発協力機構) 加盟国入りを果たした。その後、1997年にはアジア経済危機の影響で IMF (国際通貨基金) からの資金援助を受けることになったものの、継続的に経済構造改革などを行い、2001年には IMF 支援体制からの脱却を成し遂げた。こうした韓国の経済成長を支えたのは人的資源であり、その育成に貢献したのは教育であった[2]。軍事政権 (1961年〜1987年) の時から近代化のための教育の役割が強調され、特に、金泳三政権 (1993年〜1998年) では、先進国の水準に到達するための「世界化」という国家戦略において、教育の役割がさらに強調され、続く政権にもその理念が受け継がれている。このように韓国では、一貫して教育の役割が社会のあらゆる側面を発展させる土台として重要視されてきたのである。

　以上を踏まえ、本章では、第1節で、基本情報として韓国の教育制度を概観し、なかでも後期中等教育機関の類型を中心に整理する。第2節では、IB

導入の背景として、近年の教育改革の動向を把握する。続く第3節では、IB導入の現状として、IBの量的な変遷と大学入学者選抜資料としての利用状況、政府による施策の特徴について述べる。さらに第4節では、IB認定校の事例を取り上げ、教育理念やカリキュラムなどにみられる共通・相違点を明らかにする。最後に、これまでの内容を踏まえ、韓国の公教育におけるIBの位置づけについて検討する。

第1節　韓国における教育の状況

　韓国の学校段階は、基本的に単線型6―3―3―4制となっており、初等学校6年間、中学校3年間、高等学校3年間を経て大学へと続いている。**図3－1**に示すように、そのうち、初等教育（初等学校）6年間と前期中等教育（中学校）3年間の計9年間が義務教育となっている。なお、高等教育（大学校）を除く各段階の教育内容として、教科等の目標や教育内容が記された国家教育課程[3]が定められている。初等・中等教育機関の設置形態については、主に国立・公立・私立に分類されており（2012年改正版「初・中等教育法」第3条）、3分の2程度が国公立学校である（2015年度）[4]。各段階における純就学率は、初等教育98.1%、前期中等教育92.9%、後期中等教育94.1%といずれも高い数字を示しており、また、高等教育への純就学率は68.5%と「大学のユニバーサル化」段階を迎えている[5]。

　韓国の教育制度・運営等は「教育基本法」に定められているが、その基本理念となるのが「弘益人間」である。建国神話である檀君神話に由来するこの概念は、広く人間世界に益を与えるという意味を持つ。教育基本法（2015年改正）では、教育理念（第2条）を、「教育は弘益人間の理念のもと、すべての国民をして人格を陶冶し、自主的生活能力と民主市民として必要な資質を具有することで、人間らしい生を営むようにし、民主国家の発展と人類共栄の理想実現に寄与せしめるを以て目的とする」と定められ、民主市民としての自主性を持つ国民の育成に教育の価値を見出している。

第3章　韓国における国際バカロレアの展開　73

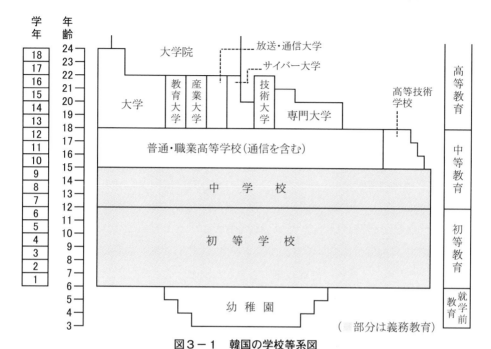

図3−1　韓国の学校等系図
出典：文部科学省『諸外国の教育統計』平成27年版
(http://www.jil.go.jp/kokunai/statistics/databook/2015/08/p236_t8-2-7.pdf) 参照。

資料出所　文部科学省(2014.10)「平成26年版諸外国の教育統計」
就学前教育：3～5歳児を対象として幼稚園で実施されている。
義務教育：6～15歳の9年間。
初等教育：6歳入学で6年間、初等学校で行われる。
中等教育：前期中等教育は、3年間、中学校で行われる。後期中等教育は、3年間、普通高等学校と職業高等学校で行われる。普通高等学校は、普通教育を中心とする教育課程を提供するもので、各分野の英才を対象とした高等学校(芸術高等学校、体育高等学校、科学高等学校、外国語高等学校)も含まれる。職業高等学校は、職業教育を提供するもので、農業高等学校、工業高等学校、商業高等学校、水産・海洋高等学校などがある。
高等教育：4年制大学(医学部など一部専攻は6年)、4年制教育大学(初等教育担当教員の養成)、及び2年制あるいは3年制の専門大学で行われる。大学院には、大学、教育大学及び成人教育機関である放送・通信大学、サイバー大学、産業大学の卒業者を対象に、2～2.5年の修士課程や3年の博士課程が置かれている。
成人教育：成人や在職者のための継続・成人教育機関として、放送・通信大学、サイバー大学、産業大学、技術大学(夜間大学)、高等技術学校、放送・通信高等学校が設けられている。

ここからは、本稿で注目するIBDPとの関連から後期中等教育機関について補足する。韓国の後期中等教育機関（高等学校）を大別すると、「一般系高等学校」と「実業系高等学校」、および体育芸術系の「芸体能系高等学校」に分かれている。高校入試を緩和するため、1974年から一般系高等学校の「高等学校平準化政策」が実施されることになったが、この平準化政策は、高校入試（連合考査）の点数を基準に、抽選によって学群内の高校へ生徒を配分するもので、高等学校間の格差を是正し、入試競争を緩和することを目的に行われた選抜制度の改革であった。このような教育機会均等という平等さを中心理念としていた平準化政策は、一方でその補完として、才能教育などのような「卓越性」の教育政策が進められるきっかけをも提供した[6]。すなわち、第二次世界大戦後における韓国の教育理念は「教育の機会均等化原理」であり[7]、その結果、韓国は教育の量的拡大と大衆化を遂げることができた。その一方で、韓国の教育は「競争・選抜・序列化」を施行する側面も持っており、いわば公教育、特に高等学校段階において「平等」と「卓越性」を同時に追求する韓国特有の教育システムが構築されたのである[8]。平準化政策の補完という形で才能教育を行う学校として、1983年水原市に「科学高等学校」が設立され、こうした新しいタイプの学校は、1990年代半ば以降、種類や数を増やしていった[9]。科学高等学校や外国語高等学校をはじめとした「特殊目的高等学校」、特定分野の専門人材育成を目指す「特性化高等学校」、科学技術部（現未来創造科学部）管轄である「英才学校」などが設立され、新たなタイプの教育を模索する試みとして「自律高等学校」などの実験校も設置されることになった。2016年現在、韓国の後期中等教育機関は、「一般高等学校」、「特殊目的高等学校」、「特性化高等学校」、「自律高等学校」、「英才学校」、「各種学校（その他学校）」の6つの類型に区分されている（**表3－1**参照）。詳細は後述するが、IB認定校のほとんどは、「各種学校（その他学校）」に含まれる外国人学校と国際学校である。

ここまで韓国の教育制度を概観してきたが、韓国では、自主的な民主市民の育成を教育理念としており、初等・中等教育段階のいずれも90％を超え

第3章　韓国における国際バカロレアの展開　75

表3－1　韓国の後期中等教育機関の類型（初・中等教育法施行令第76条2項）

後期中等教育機関の区分	高等学校の種類
一般高等学校	公立および一般私立高等学校、国立高等学校、創意経営学校、革新学校
特殊目的高等学校	科学高等学校、外国語高等学校、国際高等学校、芸術高等学校、体育高等学校、マイスター高等学校
特性化高等学校	職業教育特性化高等学校、代案教育特性化高等学校
自律高等学校	自立型公立高等学校、自立型私立高等学校
英才学校	科学英才学校および科学芸術英才学校
各種学校（その他学校）	代案学校、放送通信高等学校、外国人学校・外国人教育機関および済州国際学校、特殊教育対象者のための特殊学校

出典：http://oneclick.law.go.kr/CSP/CnpClsMain.laf?popMenu=ov&csmSeq=745&ccfNo=1&cciNo=1&cnpClsNo=1 をもとに筆者作成。

る純就学率に達していることなどがわかった。また、後期中等教育機関は、平等さを中心理念とする平準化政策とその補完策としての卓越性が重視される才能教育が進められてきた結果、次々と新しいタイプの学校が設立され、2016年現在、後期中等教育機関は6つに区分され、約20の高等学校の種類がその区分に含まれていることも把握できた。

第2節　韓国におけるIB普及の背景

　本節では、国家教育課程の改訂と、IBについて言及されている政策文書を取り上げながら、韓国においてIBの導入・運営が可能になった背景について検討する。

(1) 国家教育課程の改訂

　韓国の教育は、通称5.31教育改革と呼ばれる「世界化・情報化を主導する新教育体制樹立のための教育改革方案」によってパラダイムの転換がもたらされた。この改革方案は、以降の歴代政権にも重要な準拠枠として受け継が

れてきた[10]。その主な方針は、①開かれた教育体制、②需要者中心の教育、③教育の自律性、④多様化と特性化、⑤情報化、であったが、これによって本格的にカリキュラムの「世界化」が推進されることになり、その後も「開かれた教育」と「国際化」が改革のキーワードとして掲げられてきた。

2009年に改訂された国家教育課程では、意味のある学習と全人的成長を可能にするカリキュラムの構成が必要であり、学校のカリキュラムの編成・運営における自律性を拡大させる必要性が指摘された。その上で、高等学校におけるカリキュラムの編成・運営の重要指針の一つとして、「学校は、必要に応じて大学レベルの科目を開設でき、国際的に公認されたカリキュラムとその教科を選択科目として認めることができる」ことが明示された。これによって「国際的に公認されたカリキュラム」が導入できる根拠規定が設けられ、その実施・運営のための土台がつくられたのである。

このように改訂された国家教育課程によって、教科群、学年群、集中履修、進路集中課程などが新しく導入された。特に、集中履修の一貫として学期ごとの履修科目数を8つ以下とし、高校の全課程を選択課程とすることによって進路別課程の履修が可能になったことで、国際的に公認されたカリキュラムも開設できるようになった[11]。さらに、学期ごとの履修科目数の減少、裁量活動[12]と特別活動が統合された形で、創意的な体験活動[13]が新設されたことで、IBDPの教科構成の方針とつながりをもつようになった。なかでも「創意的な体験活動」は、IBDPの必修要件の一つであるCAS（Creativity, Action, Service）で強調されている内容と共通するところが多く、2009年改訂の教育課程によって、IBDPの運営がより容易になったとされる[14]。詳細は後述するが、このようにIBDPのような国際的に公認されたカリキュラムが導入できる根拠があるにもかかわらず、各種学校以外の高校でそのような教育課程を提供しているところは1校のみに留まっている。そのため、IBDPのような教育を受けたい生徒は、特別法によって設立・運営されている外国人学校や代案学校の形式で運営されている国際学校に通わざるを得ないのが現状である[15]。次項では、政策文書におけるIBの位置づけを検討し、IB認

定校の設置形態とその特徴について述べる。

(2) 政策文書にみられるIBの位置づけ

　韓国では、国レベルでIBの導入・運営を目指した政策が存在しないことから、ここではIBについて言及されている2010年と2013年の政策を取り上げながら、韓国政府がIBをどの側面から捉え、どう位置づけているのかについて検討する。

　IBは、2010年に発表された「グローバル教育サービス活性化方案」において、国内への優秀な外国教育機関の誘致との関連で言及されている。この計画は、受入れ外国人留学生の増加と海外分校の設置など、グローバルな教育の需要に対応するための政府レベルの総合方案である。計画が打ち出された背景として、まず、経済自由特別区域[16]などにおける外国人の定住環境の改善とそのために必要な教育機関の充実がある。加えて、韓国人の留学需要を国内で吸収するための外国教育機関の誘致が進められている現状を踏まえて（表3－2参照）、今後、地域別特性を活かして優秀な外国教育機関の誘致

表3－2　外国教育機関と外国人学校の相違

区分	外国教育機関	済州国際学校	外国人学校
類型	国内高等学校類型に属さない	－	各種学校に分類
設立地域	経済自由区域（仁川・釜山等）済州特別自治島など	済州特別自治島英語教育都市	全国
入学対象	韓国に居住する外国人の子女、韓国人（制限無し）	韓国に居住する外国人の子女、韓国人（制限無し）	韓国に居住する外国人の子女、韓国人（3年以上の海外居住歴有り）
設立目的	外国人投資促進、定住環境改善	韓国人の外国語能力の向上	外国人子女の教育、民族教育
設立根拠	外国教育機関特別法*	済州特別法**	初中等教育法

*経済自由区域および済州国際自由都市の外国教育機関設立運営に関する特別法（2005.12）
**済州特別自治島設置および国際自由都市造成のための特別法（2006.07）
出典：『グローバル教育サービス活性化方案（案）』教育科学技術部（2010.08.11）p.8をもとに加筆作成。

ができるように関連の法律と制度を改善していくことが必要であることが示されている。韓国政府は、外国教育機関として誘致が検討されている学校の専門性を精査するために「外国教育機関誘致企画団」を設置し、保護者や生徒への情報提供を目的として「外国学校総合案内ウェブサイト」を運営する計画を打ち出した。そのなかでは、国内誘致を目指す外国教育機関の教育内容の質的向上と国際競争力の強化が必要とされているが、その対応策の一つとして、IBのような国際認証・国際標準のカリキュラムの提供が言及されている[17]。

　また、後期中等教育機関の「各種学校（その他学校）」に分類される外国人学校の場合、近年、地方自治体による競争的な設立が推進されており、それに伴う学校運営の質の低下が懸念されていることから、その改善策として、機関レベルでの自主的な質の管理を促すことが目指されている。そこでもIBはAP（Advanced Placement）やWASC（Western Association of School and College）とともに外国人学校が導入すべき国際的に認められているカリキュラムとして言及されている。政府は、国際セミナーなどを開催しながらそれらの導入を支援していく方針を打ち出しており、すでに2010年8月にIBOやWASCなどの関連団体と教育機関が参加する国際セミナーが開催された。さらに、国際認証機関の地域オフィスと教員研究センターを誘致し、外国教育機関の教員養成のための専門機関として活用する方針を示した。

　上記の計画に加えて、2013年に発表された「教育国際化特区育成総合計画（2013年〜2017年）―地域単位の教育国際化先導モデルの創出・拡散を通した国家競争力の再考および地域の均衡的発展―」（以下、教育国際化特区計画）でもIBについて触れられている。「教育国際化特区計画」では、地域の特色を反映したグローバルな人材養成体制を構築することで、一部の階層だけでなく、市民全体にまたがる地域単位のグローバル化につながることが想定されている。これは、2004年「地域特化発展特区法」、2005年「企業都市特別法」、「経済自由区域特別法」などを通して国際化のためのハードウェアとなるインフラが整備されてきたことを受け、その上で教育の国際化を活性

化させるためのプログラム開発というソフトウェア中心の運営を目指すものである。この計画は、「教育国際化特区の指定・運営および育成に関する特別法」(2013年3月)に根拠をもつが、そこでは、国際化された専門人材を養成し、さらに国家の国際競争力の強化と地域の均衡な発展を図ること(第1条)が目的とされている。計画名でもある「教育国際化特区」とは、外国語教育および国際化教育の活性化のために設けられた地域(第2条)と定義されている。この特区に指定された地域は、市・道知事および教育監[18]に主導的な権限があり、「初・中等教育法」の適用を受けない学校を運営することができ(第10条)、教育部など中央政府はそれに基づき体系的な支援と総括を行う。この計画の推進分野は、① 初・中等教育、② 高等教育、③ 産業を担う人材の養成という3つである。

　この教育国際化特区計画で、IBは、推進分野 ① 初・中等教育の文脈で触れられている。分野 ① は、外国語能力を備えたグローバルな市民を育成することを目的としており、そのために学校の自律性の拡大と外国語教育の強化を進めていくとしている。その例としてあげられているのが国際標準のカリキュラムや国際的な学校認証の導入、優秀な教員の養成、国際化自律師範学校の設立などの取組みであり、IBは、APとともに導入することが望ましい国際標準のカリキュラムとしてあげられている。

　以上から、韓国においてIBは、教育の国際競争力を強化させるために優秀な外国教育機関を誘致することが求められている中、機関レベルにおいて導入が進められている国際標準のカリキュラムとして取り上げられていることがわかった。そこでIBの導入が想定されているのは、外国人の子どもや海外での居住歴を持つ一部の韓国人のみ入学できる外国人学校、そして「初・中等教育法」の適用を受けない教育国際化特区にある教育機関である。既に述べたように、韓国政府は、IBDPを国家教育課程に準じるものとして認めていないため、IBDPに直接的に関連する法規や政策・制度は定められていない。しかし、2009年の国家教育課程の改訂によってIBが導入できる制度的根拠が確保できている(第2節の(1)参照)ことから、一般高等学校にまで

80

IB認定校が拡大される余地はあるといえよう。。

第3節　韓国におけるIB導入の現状

　本節では、韓国におけるIBの現状として、その規模の量的変遷と大学入学者選抜制度とに関連づけながら述べる。

(1)IBの導入・運営と量的変遷

　韓国のようにIBの実施を想定した直接的な政策がない国においてカリキュラムとしてIBDPを導入・運営することは、部分的なプログラムの追加的な編成ではなく、学校の教育哲学、行政、施設に至るあらゆる部分を、国の基準を遵守しながら作り変えることを意味する[19]。そのため、韓国の後期中等教育レベルにおける国際的なカリキュラムの導入は、主にAPプログラムに集中していた。なぜAPプログラムとIBDPとで学校への導入程度が異なるのかについて説明するために、その背景にある「早期留学」ブームの説明から入ることにする。

　韓国では、1980年代半ばから始まった海外旅行と私費留学の自由化の影響で、語学留学と高卒以上の留学が大幅に増えるようになった。また、1996年にはOECD加盟を果たし、その翌年には国際競争力を増強するために初等学校から英語教育が導入され、経済成長とともに中間層が拡大されていった。その後、通貨危機を経験しながら経済のグローバル化による大競争時代を生き抜くために、さらなる国際競争力の強化が叫ばれるようになったのである[20]。経済成長によって暮らしが豊かになるにつれ、一種の強迫観念といわれるほどの教育熱や英語熱[21]を反映するかのように、初等・中等教育の段階にみられる「早期留学」が1990年代半ばから増えはじめ、2006年にピークに達した。その後、景気低迷による金銭的負担や早期留学効果に対する疑念などの理由から、2008年頃から減少傾向に転じた[22]ものの、依然として教育熱や英語熱は高く、国内でその需要に応えるための教育政策が必

要とされた。そこで国内にいながら留学と同等の効果が期待できる代案が複数提示され、その一つとして、高等学校でのカリキュラムのなかに、英語圏をはじめ海外への留学を目指すクラスを導入することがあげられた。

　韓国では、アメリカのエリート大学への進学を目指す生徒も少なからず存在しており、そこでは、アメリカで認められるAP対策がIBよりも求められていた。またAPに比べてIBは、運営に至るまで準備期間だけでも数年が必要であり、それに加えて5年ごとに運営持続可否の再認定が必要であること、さらに科目別認証ではなく、学校が認証を受ける必要があることなど、多くの条件をクリアせねばならない[23]。2004年に梨花女子外国語高等学校へのIBDP導入に関する基礎研究[24]が行われ、その後もいくつかの学校で導入を目指した研究がみられたものの、2010年、国内の私立高校として初めて京畿外国語高等学校がIBOからIBDP運営の許可を得るまで、実施に至ることはなかった。このように、IBの導入には、財政的な問題、言語的な問題、国家教育課程との調和の問題など多くの課題を解決せねばならないため、韓国の高校にとってはハードルが高いのである[25]。

　これらの理由から韓国で早くからIBDPを提供してきたのは「外国人学校」であった（表3－3参照）。外国人学校には、韓国に滞在中の外国人の子ども（外国籍）と、海外に一定期間滞在後、帰国した韓国人の子ども（韓国籍）が入学できる。外国人学校は、「外国教育機関特別法および施行令」に基づき設立されるが、この法令に該当する他の類型に「外国教育機関」と「済州島国際学校」とがある。「外国教育機関」とは、外国人の投資を誘致する目的で作られた経済自由区域と済州島特別自治島に居住する外国人の教育条件を向上させるために、その域内に設立・運営される教育機関を指すが、外国人学校と違って一定の割合で韓国人の入学が認められている（表3－2参照）。また、「済州島国際学校」は、国民の外国語能力の向上と国際化に対応する専門人材の育成のために、済州英語教育都市内に設立された学校を指し、韓国人の入学における制限がないのが特徴である。「早期留学」の代案として注目され、海外の大学への進学を目指す生徒が多いことから、国際的に通用する学位プロ

表3-3　IBDPを運営している韓国の後期中等教育機関（IBO認定年順）

学校名	学校類型	所在地	国内学歴認定	IBO認定年	PYP	MYP	DP
Seoul Foreign School	外国人学校	ソウル特別市	×	1980	×	×	○
Taejon Christian International School	外国人学校	大田広域市	○	2004	○	○	○
Busan International Foreign School	外国人学校	釜山広域市	×	2008	○	×	○
Gyeonggi Suwon International School	外国人学校	京畿道	×	2009	○	○	○
Gyeonggi Academy of Foreign Languages	特殊目的高等学校	京畿道	○	2010	×	×	○
North London Collegiate School Jeju	特別法による国際学校	済州特別自治島	○	2012	×	×	○
Chadwick International	特別法による国際学校	仁川広域市	○	2013	○	×	○
Branksome Hall Asia	特別法による国際学校	済州特別自治島	○	2013	○	○	○
Dwight School Seoul	外国人学校	ソウル特別市	×	2013	○	○	○
Gyeongnam International Foreign School	外国人学校	慶尚南道	×	2015	×	×	○
Dulwich College Seoul	外国人学校	ソウル特別市	×	2015	×	×	○

出典：http://www.ibo.org/programmes/find-an-ib-school/?SearchFields.Country=KR等をもとに筆者作成。

　グラム（SAT、ACTのような大学入学試験やAP、IBのような大学進学準備課程）の
ための教育を提供している。
　表3-3に示した、韓国でIBDPを運営している後期中等教育機関をみる
と、そのほとんどが「外国人学校」または「特別法による国際学校[26]」である
ことがわかる。これらの教育機関は、第2節で述べたような「外国語教育お
よび国際化教育の活性化のために設けられた地域」として指定されている特
区に設立されることが多く、その機関の教育の質を保証するために国際的に
認定されているカリキュラムの導入が政策的にも推進されていることから、

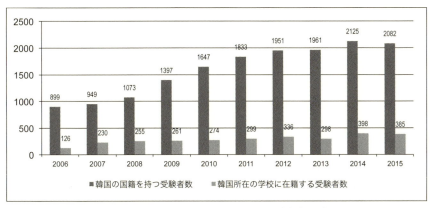

図3－2　IBDP認定試験における受験者数の変遷

出典：International Baccalaureate Organization, the IB Diploma Programme Statistical Bulletin, 2006 ～ 2015の各資料より筆者作成。

近年増えているIB認定校における設置形態の特徴であると理解することができる。

　2016年8月現在、韓国のIBDP実施校は計12校で、ソウルとその近郊および主要な地方都市を中心に分布している。この12校のうち、11校においてIBDPを運営しており、また、7校の認定年が2010年以降と比較的近年である。一方で、図3－2をみてみると、2015年5月にIBディプロマに申し込んだ受験者の国籍別統計のうち、韓国国籍をもつ受験者数は2,082名となっており、これは、世界9位を占める多さである。その反面、韓国に所在している教育機関に通いながらIBディプロマに申し込んだ受験者は385名となっている。受験者の国籍別統計（2,082名）には、海外の学校に通いながら認定試験に申し込んだ韓国国籍者の数が含まれ、国内の教育機関在籍者数（385名）には、外国人学校に通う外国籍者数も含まれているため、正確な数値を把握することは困難だが、韓国国籍者のIB受験者数が多いことから、IBへの需要が高いことがわかる。その中に国内教育機関におけるIB供給への需要がどれだけ含まれているかは不明であるが、今後、韓国国内でIB認定校が増えたり、韓国国内の大学の入学者選抜資料としてIBが積極的に活

用されるようになれば、韓国国籍者のIBへの需要の一部を国内で満たせたり、あるいは韓国国内におけるIBへの需要をさらに喚起する可能性もある。

(2) 大学入学者選抜制度とIBディプロマ

　韓国の大学入試制度は、大別すると国家考査(大学修学能力試験[27])、大学別試験(論述試験)、そして高校内申(生活記録簿)の組み合わせで行われる。この割合の変化によって韓国の大学入試制度も変化を遂げてきた。現在の大学修学能力試験による選抜制度は1993年(1994年度入学)から続くものであるが、それに加えて高校の内申と大学別試験を並行する様相を呈している。2008年からは、大学の自律性が尊重され、高等教育のグローバルな競争力の向上を計り、「大学入試3段階自律化政策」が打ち出された。それは大学修学能力試験活用の自由化[28]、試験科目の縮小、入学査定官制度[29]の拡大を経て、多様な入試による優秀な人材の選抜を可能にするものであった。

　原則として韓国で大学入学資格を得るためには、高等学校の卒業(予定)者であるか、それに相応する学歴・学力をもつ者である必要がある。ただし、表3−1の各種学校に分類される外国人学校の場合、韓国に居住する外国人教育をその設立目的とするため、韓国の国内学歴としては認められない。しかし、所定の要件を満たした一部の外国人学校は、国内学歴認定機関として許可されており、当該教育機関で学ぶ韓国人生徒は、国語および社会(国史を含む)に加え、他に2科目以上を週2時間(年間102時間)以上履修することで、韓国の高等学校卒業者と同等な学歴として認められる。特別法による国際学校の場合も同様である。したがって、国内学歴認定機関として許可されている外国人学校や国際学校でIBDPを履修する韓国国籍者は、上述の科目を履修することで大学入学資格が確保できる。この他の学校に通う場合も、別途、「高等学校卒業学力検定考試」を受けることで、大学入学資格を得ることができる。

　世界の3, 500を超える大学入試で認められているIBディプロマだが、韓国政府は、IBディプロマを大学修学能力試験に代わる選考のための成績基

準として認めていないため、IBディプロマを持ち、韓国の大学に入学を希望する韓国国籍者は、国家の定めた大学入学試験を受けねばならない。だが近年、韓国の主要大学において、特別入試の成績参考資料としてIBディプロマの提出を許可しているところが増えている。ソウル大学、延世大学、高麗大学、成均館大学、梨花女子大学などでは、在外国民特別選考や、国際学部選考、入学査定官選考、そして一般の随時募集[30]にまでIBディプロマが成績参考資料として提出でき、その適用範囲も拡大されている。韓国国籍を持ち、保護者同伴で3年以上海外に在住し、該当国の後期中等教育機関に在籍していた者は、特別入試枠で大学修学能力試験を受けなくてもIBディプロマによる志願ができ、そのスコアはアドミッション・プロセスの一部として扱われ、別途面接が要求される。また、保護者を同伴せずに外国の後期中等教育課程を履修していた者は、たとえば、延世大学のグローバルリーダー入試枠やUIC（Underwood International College）入試枠などの特別枠に出願することができる[31]。そして、外国人等（12年以上海外滞在の韓国国籍者を含む）の場合、IBディプロマを韓国の大学への出願時に提出することで、有効な成績参照資料として認められる。韓国語能力に応じて追加的に必要な科目履修が求められることもあるが、英語で行われるプログラムに出願する場合は、この限りではない。

　ここまで、韓国におけるIBの展開についてみてきた。韓国人のIBディプロマ受験者数は世界9位を占める多さであること、また国内におけるIB認定校も近年増えていること、さらに国の大学入学試験に代わるものとして認められてはいないものの、大学入試形態の多様化とともに、IBディプロマが成績参照資料として使われていることなどが把握できた。このことから、韓国におけるIBの発展・拡大の可能性は高いものと推察される。

第4節　韓国におけるIB認定校の事例

　本節では、近年増加傾向にあるIB認定校に焦点をあて、実際どのように

IBDPが実施されているのかについてみてみる。表3－3で示した通り、韓国のIBDP実施校は11校あるが、それは、「外国人学校」、「特別法による国際学校」、「外国語特殊目的高等学校」の3つの学校類型に分類される教育機関である。ここでは、IBプログラム運営の歴史が最も古い「ソウル外国人学校（SFS）」と、特殊目的高等学校（私立学校）として韓国で初めてIBを導入した「京畿外国語高等学校（GAFL）」、そして外国人学校の中で韓国人の割合が高い「京畿水原外国人学校（GSIS）」の3校を事例校として取り上げる。まず、各事例校の概要について説明した後、「学校の理念」、「提供されるIBカリキュラム」、「IBディプロマ取得率と進学先」の点において3校を比較しながらそれぞれの特徴を明らかにしていく。

（1）IB認定校3校の事例

・ソウル外国人学校（Seoul Foreign School, SFS）

ソウル外国人学校（以下、SFS）は、1921年、7人の宣教師と30名の生徒によって開校された韓国で最初の外国人学校[32]である。当時は、宣教師の子どもに教育を受けさせる目的で設立されたが、朝鮮戦争以降、韓国に来た駐在員の子どもらに対しても入学を認めるようになり、現在は、170人の教師と54ヶ国の国籍を持つ1,450人の生徒が在籍している[33]。「キリストの精神に基づき、ダイナミックな国際的体験を通して教育的な卓越性を鼓舞し、キリスト教の価値と人間としての高潔さ、そして責任のあるグローバルな市民性を奨励すること」を学校の理念としているSFSは、アメリカの学制に従い、8月中旬から新学期が始まるが、他の外国人学校と異なるのは、中学校まで英国学校が別途、設けられていることである。ここに在学する生徒のほとんどは、ヨーロッパから来ており、本国に帰ってからもスムーズに学事接続ができるようにこの課程を履修しているという。100年以上の歴史を持つSFSは、入学条件が厳しいことで有名であり[34]、また入学できる韓国人の割合を厳しく制限しているため、外国人学校としての多様性が保たれ、80％以上が外国籍の生徒である。学費は、後期中等教育課程の場合、年間

19,000,000ウォン（約178万円）となっている。SFSでは、①言語と文学（母国語：英SL/HL・韓SL/HL）、②言語習得（外国語：西・仏・韓SL/HL、仏・西・中Ab Initio SL）、③個人と社会（ビジネス＆管理SL、経済・歴史・心理学SL/HL）、④理科（生物・化学SL/HL、物理 HL、スポーツ・エクササイズ・健康化学SL、環境システムと社会SL）、⑤数学（数学スタディーズSL、数学SL/HL）、⑥芸術（音楽・視覚芸術・舞台芸術SL/HL）が、IB科目として提供されている。また、2015年のIBDP取得率は91％で、取得者の多くが欧米を中心とした海外の大学に進学している。

・京畿外国語高等学校（Gyeonggi Academy of Foreign Languages, 京畿外高）

　京畿外国語高等学校（以下、京畿外高）は、2003年に明知外国語高等学校として設立された特殊目的高等学校に区分される外国語高等学校類型[35]の私立高校で、2008年に学校の設立法人が変わり、2009年に今の校名となった。それを機に新しい体制で学校運営が始まることになり、学校の運営体制の変化とともに中長期発展計画が樹立され、学校の理念に符合するように国際的な水準の学校に飛躍するための方法としてIBプログラムを導入することが決まった[36]。当該校の掲げている理念とは、「全人的教育による絶え間ない自己開発と多様性への理解を基に、グローバルな環境の中で望ましい変化を作り出し、先導することができるグローバルな感覚と相互理解力を兼ね備えた将来のリーダーを育成すること」である。当該校は、2010年より韓国の私立高校として初めてIBOの認可を獲得し、英語国際クラスを対象にIBDPクラスを運営している国内唯一の高校である。IBDPクラスは、入学試験によって英語能力が認められた生徒を選抜し、各学年に1つのクラスが編成されている。IB課程における授業料は、学校登録金と受益者負担経費を合わせて毎月1,350,000ウォン（約13万円、寄宿舎費と食費を除く）となっている。外国人学校と違って3月に新学期がはじまるため、IBディプロマの11月セッションを受ける生徒がほとんどである。京畿外高では、高校3年間のうち1年目をプレDPとして運営しており、2年目からは、①言語と文

学 (母国語：韓A-SL/HL、英A-HL)、②言語習得 (外国語：英・日B-SL)、③個人
と社会 (経済・歴史 SL/HL)、④理科 (生物・化学SL/HL)、⑤数学 (数学SL/HL)、
⑥芸術 (映画芸術・舞台芸術SL/HL) がIB科目として提供されている。また、
2014年のIBDP取得率は100％で、取得者は、アメリカやイギリス、オー
ストラリアのような英語圏の大学や韓国の大学に進学している。

・京畿水原外国人学校 (Gyeonggi Suwon International School, GSIS)

　京畿水原外国人学校 (以下、GSIS) は、京畿道が2006年に、投資を誘致す
る企業の外国人生活環境の改善と起業しやすい環境づくりを目的に、政府と
地方自治体の全額投資によって開校された。京畿道が100億ウォン、知識
経済部が50億ウォンの建築費を援助し、水原市は100億ウォン相当の価値
がある土地を無償提供したのである。GSISは学校名の通り、「外国人学校」
である。韓国では、2009年に「外国人学校および外国人幼稚園の設立・運
営に関する規定」が制定され、韓国人であっても定員の30％以下であれば入
学が可能になった。また、教育監は当該市 (道) の状況を考慮し、さらに
20％の範囲内で韓国人の入学を許可できる。つまり、最大50％まで[37]韓国
人の入学比率を高めることもできるが、実際にはそれよりも多くの韓国人を
入学させているところも少なくない。GSISも、韓国人の比率が67.5％ (2014
年度) とIBを運営している「外国人学校」の中で最も高い。(1) でみたSFSの
20％に比べると3倍以上も多いため、事実上、英語で授業が行われる韓国
人学校に近いと言える。学費も、入会費や授業費、交通費、学食などを含め
て年間30,520,000ウォン (約280万円) と外国人学校の中でも高い設定となっ
ている。GSISは、「キリスト教精神に満ちたポジティブな教育的体験と聖書
に基づく宗教的成長のために、国際性に基づく質の高い教育を提供すること
で国際的な人材を輩出すること」を学校の理念とし、11学年と12学年に対
してIBDP課程が編成され、①言語と文学 (母国語：英SL/HL・韓SL/HL)、②
言語習得 (外国語：英・韓・中SL/HL、西Ab Initio SL)、③個人と社会 (ビジネス
&管理・経済SL、歴史SL/HL、環境システムと社会SL)、④理科 (生物・化学・物

理SL/HL、環境システム社会SL、テクノロジー SL/HL)、⑤数学(数学スタディー
ズSL、数学SL/HL)、⑥芸術(音楽・視覚芸術・舞台芸術SL/HL)などの科目が提
供されている。当該校では、IBプログラムへの参加は、IBディプロマへの
申請をめざす全科目履修だけでなく、一部のみを選んで履修することもでき
るとしている。また、2015年のIBDP取得率は71%で、取得者のほとんど
がアメリカやイギリス、カナダなどの英語圏の大学に進学し、韓国や日本、
香港の大学に進学する生徒もいる。

(2) 考察

　ここでは、まず、各事例校の教育理念における、育成すべき人材像を、IB
の理念と照らし合わせながらみてみる。
　表3－4に示すように、各校の教育理念は様々であるが、そこに共通して
みられるのは「グローバル・国際」という文脈である。SFSとGSISはミッショ
ン系の学校であり、教育理念にもその色が濃く現れているが、そこにおいて
も上記の概念は取り入れられているのである。外国人学校はともかく、韓国

表3－4　事例校の理念

学校名	教育理念
ソウル外国人学校 (SFS)	キリストの精神に基づき、ダイナミックな国際的体験を通して教育的な卓越性を鼓舞し、キリスト教の価値と人間としての高潔さ、そして責任のあるグローバルな市民性を奨励すること。
京畿外国語高等学校 (京畿外高)	全人的教育による絶え間ない自己開発と多様性への理解を基に、グローバルな環境の中で望ましい変化を作り出し、先導することができるグローバルな感覚と相互理解力を兼ね備えた将来のリーダーを育成すること。
京畿水原外国人学校 (GSIS)	キリスト教精神に満ちたポジティブな教育的体験と聖書に基づく宗教的成長のために質の高い教育を提供することで国際的な人材を輩出すること。
IBの理念	多様な文化の理解と尊重の精神を通じて、より良い、より平和な 世界を築くことに貢献する、探究心、知識、思いやりに富んだ若者の育成を目的とする。

出典：各校・IBOのホームページ[38]より筆者作成。

人の教育に従事している京畿外高でも韓国人としてのアイデンティティの育成などの理念は掲げられていない。つまり、すべての事例校に共通にみられる「グローバル・国際」の側面はIB認定校ならではの特徴ともいえよう。そこで、IBOが提示しているIBの理念に照らし合わせてみると、IBの理念と最も近いのは、京畿外高である。両者の理念には、多様性への理解と尊重、より良い世界となるように貢献、将来のリーダー（若者）の育成などが含まれている。

　次に、カリキュラムについてみてみよう。表3－5に示したように、IBDPの設定している6つの教科グループからどの科目を開講するかは各校によって少々違いがみられる。外国人学校であるSFSとGSISの提供科目は概ね類似しているといえるが、京畿外高では、6つの教科グループ全てでプレDPが提供されており、開講科目も他校に比較して少ない。これは、京畿外高が、韓国の国家教育課程に従う学校種であることと関連する。つまり、国家教育課程の枠組みの中でIBを実施するための工夫として、プレDPが置かれ、科目の数を調整しているのである。例えば、IBDP課程の6つの必修科目となっている国語、数学、韓国史、科学、体育、技術家庭などの設定は、韓国の教育課程に基づいたものである。また、韓国の後期中等教育は3年課程となっているのに対し、IBDPは2年課程であるため、高校1年目に、プレDPを全科目において提供することで対応している。当該校ではさらに、プレDP課程で受講する10科目に加え、英語が母語ではない生徒に対して言語深化学習に力を入れており、「教科外学習」としても英会話、英語読解、深化英語の3つの科目が設けられている。こうした「英語深化科目」は、2年と3年の教育課程にも2つ以上含まれており、主に高級英作文と応用英文法などで構成されている[39]。このように、IB必修科目である4000字小論文およびIB教科目やIBO主催の外部試験がすべて英作文を含んでいることへの対策が講じられている。

　最後に、IBディプロマの取得状況と主な進学先について述べる。表3－6に、事例校におけるIBディプロマ申請者数と取得率、そして主な進学先

第3章　韓国における国際バカロレアの展開　*91*

表3−5　各校のIBカリキュラム[40]

グループ	事例校の提供科目			
	SFL	京畿外高		GSIS
1.言語と文学 （母国語）	英SL/HL 韓SL/HL	Pre DP: 韓国語	韓A-SL/HL 英A-HL	英SL/HL 韓SL/H
2.言語習得 （外国語）	西SL/HL 仏SL/HL 韓SL/HL 仏Ab Initio SL 西Ab Initio SL 中Ab Initio SL	Pre DP: 英語、日本語	英B-HL・ 日B-SL	英SL/HL 韓SL/HL 中SL/HL 西Ab Initio SL/HL
3.個人と社会	ビジネス＆管理SL	Pre DP: 社会科	経済SL/HL	ビジネス＆管理SL
	経済SL/HL			経済SL
	歴史SL/HL		歴史SL/HL	歴史SL/HL
	心理学SL/HL			環境システムと社会SL
4.理科	生物SL/HL	Pre DP: 一般科学	生物SL/HL	生物SL/HL
	化学SL/HL		化学SL/HL	化学SL/HL
	物理HL			物理SL/HL
	スポーツ、エクササイズ、健康化学SL			デザインテクノロジーSL/HL
	環境システムと社会SL			環境システムと社会SL
5.数学	数学スタディーズSL	Pre DP: 数学	数学SL/HL	数学スタディーズSL
	数学SL/HL			数学SL/HL
6.芸術	音楽SL/HL	Pre DP: 芸術	映画芸術 SL/HL	音楽SL/HL
	視覚芸術SL/HL		舞台芸術	視覚芸術SL/HL
	舞台芸術SL/HL		SL/HL	舞台芸術SL/HL

出典：各校のホームページより筆者作成。

をそれぞれ示した。

　京畿外高の場合、2014年のデータしか公開されていないため、それを反映した。SFSに関していうと、申請者数は年々増加しており、取得率も2015年には98％に及ぶなど、順調に実績を積み上げている。京畿外高に至っ

表3－6　IBディプロマ取得状況と進学先

	ディプロマ申請者数（取得率）						主な進学先
	2010	2011	2012	2013	2014	2015	
SFS	51 (78%)	63 (78%)	63 (90%)	69 (93%)	74 (--)	98 (91%)	欧米を中心とした海外の大学
京畿 外高	—	—	—	—	29 (100%)	—	米、英、韓、香、UAE、豪
GSIS	—	63 (85%)	78 (78%)	75 (81%)	72 (79%)	60 (71%)	3分の2以上が米国、 次にイギリス、カナダ、韓国、 日本、豪州、香港など

出典：各校のホームページより筆者作成。

ては、100％の取得率を誇るものになっている一方、GSISは、申請者数と取得率がここ最近減少傾向にある。続いて、ディプロマ取得後の進学先についてみてみると、事例校すべてに共通する点は、アメリカやイギリスが進学先の上位にランクしていることである。SFSの場合、進学先の詳細な情報は明らかではないが、ほとんどの生徒が海外の大学に進学していることが学校の広報資料に述べられていた。京畿外高の場合、進学先として、アメリカとイギリスの大学が最も多いものの、韓国の大学にも少数ではあるものの進学している。具体的には、延世大学、高麗大学、西江大学、成均館大学、漢陽大学、梨花女子大学、中央大学、慶熙大学といった私立名門大学への進学がみられる。この点では、「外国人学校」との違いがみられる。

おわりに

　本章では、韓国の教育制度や教育改革の動向を踏まえ、IBの導入やIBディプロマの大学入学者選抜資料としての利用、さらにIB認定校における事例を手がかりに、韓国の公教育におけるIBの位置づけについて検討してきた。
　韓国政府は、90年代半ば以降、国際化・グローバル化を重要な教育目標として掲げ、2009年には、国家教育課程の改訂によって、事実上、高校で

のIBの導入・運営が可能になった。こうして実施のための制度的要件は整備されたが、これまでIBの普及に関する具体的な方針や政策は無く、IBは、経済自由区域を中心にした外国人の居住環境の整備という側面で触れられるに留まっている。経済自由区域では、教育の国際化が目指され、公教育の枠組みから離れた新しいタイプの学校に対する機関レベルの質保証という観点から、国際水準の教育カリキュラムとしてIBの導入・運営が推奨されている。

2016年現在、公教育のなかに位置づくIB認定校は京畿外高の1校のみであり、それも外国語分野の専門人材を養成するといった特殊な教育目標をもつ高校である。これは、IBが現在までのところ、韓国におけるグローバル人材育成のための主要な方途にはなり得ていないことを意味する。そこには、認定までのハードルの高さや、認定校への批判的な世論（学費の高さ）など、IB自体に由来する原因も影響しているが、その他にも、長年、公教育の正常化を掲げ、カリキュラムへの比較的強い統制を行ってきた韓国政府が、IBの導入に対して消極的な姿勢をとっていることが一因として挙げられる。だが、韓国におけるIBの量的変遷に注目してみると、IBDPを実施する学校計11校のうち、7校が2010年以降に認定されたところであり、経済特区における限定的な導入であるとはいえ、2000年代後半にその数が急増している。また、IBディプロマに申し込んだ韓国籍をもつ受験者数は世界9位を占めるほど多く、IBへの需要の高さがうかがえる。これらの需要の一部を韓国国内で吸収できるように、今後、IB認定校が増えたり、韓国の大学の入学者選抜資料としてIBディプロマが積極的に活用されたりするようになれば、韓国におけるIBの展開は規模的に拡大する余地がある。もちろん、そのためには、IBに対する政府の積極的な姿勢が不可欠である。

注

URLの最終アクセスは、2016年8月19日
1 公教育の定義は多様であるが、本章では公教育を、「国家による国民の育成という公的目的を遂行するために、国家および地方自治体が設立・運営する学校教育、または、これに準ずる学校教育（個人や財団によって運営される私立学校など）」と

する（出典：NA Byoung-hyun「公教育の意味と教育の公共性の問題」『韓国教育』第
29巻第2号、2002年、556-557頁）。

2　海外文化弘報院『教育・研究・産業』http://japanese.korea.net/AboutKorea/Society/
Education-Research-Industry

3　1945年以降、7次期・3度の改訂、就学前教育から特殊教育まで17の学校形態
に適用される教育内容が定められている。

4　教育部『教育統計』2015年　http://kess.kedi.re.kr/index。

5　教育部『教育統計年報』2016年　http://kess.kedi.re.kr/index。

6　金志英「韓国の「高校平準化政策」の導入による学校間序列の変化について」『東
京大学大学院教育学研究科紀要』第51巻、2011年、387頁。

7　馬越徹「学校教育の質的転換に向けて―韓国の場合―」『比較教育学研究』第16
号、1990年、159頁。

8　石川裕之『韓国の才能教育制度―その構造と機能―』東信堂、2010年、30頁。

9　熊谷信司「韓国における高校の多様化と高校生の生活：外国語高校と開放型自律
学校の事例を中心に」『東京大学大学院教育学研究科紀要』第49巻、2010年、34頁。

10　HA Yeon-sup「5.31教育改革20年、韓国の教育の現在と未来」『教育開発』2015年。
http://edzine.kedi.re.kr/2015/spring/article/invitation_01.jsp

11　PARK Ha-sik「国内高校における国際公認教育課程（IBDP）の導入および実施に
関する研究―京畿外高の事例を中心に―」高麗大学校大学院教育学科博士学位論文、
2013年、79頁。

12　裁量活動とは、カリキュラムの編成・運営に対する自律性を高めるために各学校
において状況に合わせた教育の目標と内容、方法などの設定を可能にする教育活動。

13　創意的な体験活動とは、学生の道徳性の涵養、倫理意識な強化のために、体験中
心の教育へと転換を図り、実践活動（サークルやボランティア活動など）で構成さ
れるカリキュラムのこと。

14　PARK、前掲論文、77頁。

15　KIM Jin-suk, MIN Byoung-su, PARK Ha-sik, & SUNG Yeol-kwan「グローバルス
タンダードに基づいた学校教育課程の発展方案」『韓国教育課程評価院研究報告』、
2015年、31頁。

16　経済自由区域（Korean Free Economic Zones）とは、外国人投資企業の経営環境と
生活条件を改善し、規制緩和を通して企業の経済活動の自律性と投資誘因を保障し、
外国人投資を積極的に進めていくための特別経済区域を指す。2003年から仁川を
はじめ、釜山・鎮海、光陽湾など8カ所で造成・運営されている。http://www.fez.
go.kr/global/why/about.do

17　国際認証としてはWASC（Western Association of School and College）が、国際標
準のカリキュラムとしてはIBとAPがそれぞれ言及されている。

18　教育監とは、国家行政事務の中で市・道に委任された教育・学芸の業務を執行す

る市・道の教育庁の長である。

19　PARK、前掲論文、34頁。

20　小林和美「韓国における早期留学の変遷―統計分析による各政権期の特徴―」『大阪教育大学紀要』第Ⅱ部門第61巻第2号、2013年、3-7頁。

21　Seth, M. J. *Education Fever: Society, Politics, and the Pursuit of Schooling in SouthKorea*. Honolulu: University of Hawaii Press. 2002.

22　韓国教育開発院「教育統計分析資料集」2010年。http://kess.kedi.re.kr/index

23　PARK、前掲論文、18頁。

24　HONG Hu-jo & SUNG Yeul-Kwan「梨花女子外国語高等学校におけるIB教育課程の設置方案探索基礎研究」、2004年。

25　PARK、前掲論文、63頁。

26　「外国教育機関特別法」と「済州特別法」による「外国教育機関」と「済州島国際学校」。

27　日本の大学入試センター試験に相当する韓国の大学入学試験。

28　9段階の等級でしか提供しなかった試験結果を等級、標準点数、百分位などが利用できるようになった。

29　入学査定官制度とは、学生の潜在能力や可能性などを、入学査定官という学生選抜の専門家が多角的な側面から評価し、選抜を行う大学の入試形態の一つである。評価項目は、教科活動、進路活動、校内活動などで構成される。

30　随時募集とは、大学修学能力試験の前に行われる大学の自律的な選抜方法による入試形態の一つ。2017年度は随時募集によって全体の70.5%の学生が選抜された。

31　2013年に特別入試枠として統合された。

32　韓国における「外国人学校」は本来、国内に居住する外国人の子どものために設立されたものである。多くの場合、教育カリキュラムや学費などはアメリカのそれに準じている。

33　記載情報は2011年時点のもの。

34　海外滞在期間と修学記録や推薦状などが要求される。

35　特殊目的高等学校は、特殊分野の専門的な教育を目的とする高等学校であり（初中等教育法施行令第90条）、外国語高等学校は、その中でも外国語を重点的に学ぶカリキュラムを提供している学校である。

36　JEUNG Hye-jun「国内外の地域学校におけるIB教育課程導入事例の研究」『教育課程研究』第31巻第4号、2013年、207頁。

37　「外国人学校および外国人幼稚園の設立・運営に関する規定」第10条第2項。

38　ソウル外国人学校ホームページ　http://www.seoulforeign.org
　　京畿外国語高等学校ホームページ　http://gafl.hs.kr
　　京畿水原外国人学校ホームページ　http://www.gsis.sc.kr
　　IBOのホームページ　http://www.ibo.org/about-the-ib/mission/

39　JEUNG、前掲論文、207-208頁。

40 SLは標準レベル（Standard Level, 各150時間）、HLは上級レベル（higher level, 各240時間）を意味する。

第4章　ベトナムにおける国際バカロレアの展開

関口洋平

はじめに

　ベトナム社会主義共和国（以下、ベトナム）は、東南アジアのインドシナ半島東部に位置し、ベトナム共産党を唯一の合法政党とする社会主義共和制国家である。その地理的特徴として、ベトナムは南北に長く広がっており、北部には政治や文化の中心である首都ハノイが、南部には経済の要衝ホーチミン市の二大都市がそれぞれ位置している。公用語はベトナム語であるが、ベトナムは多民族国家であり、民族の構成はキン族（京族）がおよそ86％と人口の大多数を占め、その他にも56の少数民族が存在している[1]。また、宗教に関しては仏教を主とするものの、ベトナムは長期間にわたる中国による支配のもとで中華文化圏に組み込まれていたことから、ベトナム人の思考や行動には儒教文化の様式が浸透している。ベトナム語では、バカロレアは「秀才」と表記され、博士相当の学位は「進士」号と呼ばれるなど、現代ベトナムの教育制度にも儒教の影響をみることができる。

　このような隣国である中国からの影響をはじめとして、ベトナムは、一貫して大国や国際社会から影響を受けてきており、そうした関係性のなかで国家体制が形成されてきた。1945年に宗主国であったフランスからの独立後、冷戦下では旧ソ連による援助のもと社会主義体制をとる北ベトナムと、アメリカの援助のもと資本主義体制をとる南ベトナムとで国家が二分されていたが、1976年に南北が統一されて以降は、国家社会主義体制が南ベトナムにもしかれることになった。1986年にドイモイ（刷新）体制が打ち出されてか

らは、共産党による一党支配体制については大きな変化はないものの、従来の計画経済に基づく経済体制に市場原理が持ち込まれると同時に、対外開放政策が採られるようになってきている。そしてベトナムは、経済成長と国際競争力の強化が推し進められるようになるなか、1997年にASEAN加盟を、2007年にはWTO加盟を果たした。

こうした近年のドイモイ体制下では、ベトナムは国家目標として「現代化」と「工業化」を掲げており、こうした目標を果たすための人材育成政策として、教育は一貫して重要視されてきた。1990年代から2000年代にかけて教育改革の比重は量的な拡大に置かれたが、近年は教育の質的な向上に注目が集まってきている。とりわけ、量的拡大を一定程度果たした高等教育段階では[2]、外国の高等教育機関との連携や外国大学分校の設置をはじめてとして、高等教育の国際化が改革の焦点の1つとなっている。

このような状況のなかで、相対的な規模は大きいとはいい難いが、ベトナムにおいても国際バカロレア認定校（以下、IB認定校）の機関数、および第11・12学年を対象とするディプロマ・プログラム（以下、DP）認定試験受験者数も、近年では増加傾向にあることが観察される。

それでは、ドイモイ体制のもと社会全体として市場化・国際化が進められる一方で、共産党による一党独裁体制を堅持するベトナムでは、いかなる教育改革が進められており、そうした改革の過程で、IBは公教育（いわゆる、国民教育体系）にどのように位置づけられているのだろうか。本章では、こうした問題意識に基づき、主として1986年以降のドイモイ体制下における近年の教育改革の特徴を検討したうえで、ベトナムの国民教育体系におけるIBの位置づけと展開上の特徴を明らかにすることを目的とする。このもとにあるのは、ベトナムがIBを受容することで、従来の国民教育体系ないし教育システムにどのような変容が生じるのかという見方である。

本章の構成は次のとおりである。まず、ベトナムにおける教育制度の歴史的変遷を整理するとともに、近年の教育改革について検討する（第1節）。それから、国民教育体系におけるIBの展開状況を検討したうえで（第2節）、

第4章　ベトナムにおける国際バカロレアの展開　99

首都ハノイにおけるIB認定校に焦点をあて、具体的な事例を観察する（第3節）。以上を踏まえ、具体的な事例の考察を通じて、ベトナムにおけるIBの展開の特徴を明らかにする。

第1節　ベトナムにおける教育制度の歴史的変遷と近年の教育改革

　それではまず、ベトナムにおける教育制度と近年の教育改革の方向性について整理することからはじめよう。現行の教育制度は、1993年1月の共産党中央委員会第4総会議決「教育と訓練事業の継続的刷新」を踏まえた第90号政府議定「国民教育体系の構造枠組みとベトナム社会主義共和国の教育と訓練に関する資格証書体系」のなかで大枠が規定された。こうした規定の内容を基礎として、1998年の「教育法」や2005年および2009年の「教育法改正」における修正を通じて現在に至っている。

　図4-1は、ベトナムにおける国民教育体系を示したものである。ベトナムの教育制度は大きく就学前教育、普通教育、職業教育、高等教育そして生涯教育からなる。このうち生涯教育に関しては、「文盲撲滅・継続教育プログラム」のように非正規課程として正規教育における各段階の卒業資格と結びつかないものと、「国民教育体系の資格取得のためのプログラム」を含んでいる[3]。このことから、ベトナムの国民教育体系とは、正規教育ないしそこで授与される公的な卒業資格につながる教育のことを指すものといえる。この意味で、国民教育体系、すなわち公教育の範囲を、主として就学前教育、普通教育、職業教育、それから高等教育の4つの体系として設定する。具体的には、就学前教育（6年間）、普通教育（5-4-3制）、後期中等教育に並列する職業教育（「中級専門職業教育」、「初級職業教育」、そして「中級職業教育」）、それから高等教育である。なお高等教育段階は、大学（4-6年）と短大（3年）、碩士課程（修士相当、2年）、進士課程（博士相当、3年-4年）から構成される。

　そして教育制度の歴史的な経緯について確認しておけば、次のようになる。ベトナムが南北に分断されていた時期は、北ベトナムと南ベトナムではそれ

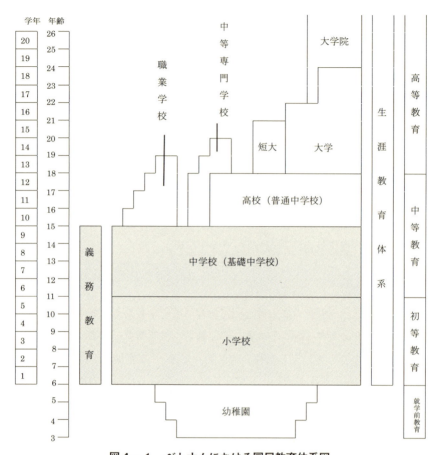

図4−1　ベトナムにおける国民教育体系図
(出典)「2005年教育法」2005および「2009年改定教育法」より、筆者作成。

それ異なる学制をとっていた。このうち北ベトナムでは、教育の「民族・科学・大衆」的原則の普及やフランスからの「解放区」の拡大状況に合わせて学制改革が行われた。具体的にいえば、1950年の第一次教育改革では4−3−2制がとられたが、1956年の第二次教育改革では改めて4−3−3制となった。一方、南ベトナムでは一貫して5−4−3制がとられており、統一後の1979年には南ベトナムの学制であった5−4−3制が全国的にとられるこ

第4章　ベトナムにおける国際バカロレアの展開　*101*

表4−1　2000年代のベトナムにおける教育の拡大状況

	2000年	2009年
初等教育純就学率	94%	97%
前期中等教育純就学率	70%	83%
後期中等教育純就学率	33%	50%

出典：政府首相「2011−2020年教育発展戦略」より、筆者作成。

とになった。

　こうした修学年次を漸次拡大しようとする教育制度改革からは、従来のベトナムでは、一貫して教育の量的な普及が目指されていたことがみてとれる。教育の普及を図るこうした動きは現在までも続いており、すでに述べたように、2000年代に至るまでベトナムの教育における政策的な関心は、教育の量的拡大に置かれていたのである。

　具体的な教育の量的拡大状況について、2012年6月に打ち出された政府首相決定「2011−2020年教育発展戦略（以下、「発展戦略」）」を手がかりに、特に2000年代の普通教育の拡大状況について確認したものが**表4−1**である。なお、表4−1には記載していないが、5歳児を対象とした就学前教育ではこの期間で就学率が72%から98%に上昇しているし、就学者数の規模についてみた場合、高等教育も2.35倍の量的拡大を遂げている。こうしたことから、全体として教育の量的拡大が図られたといえるだろう[4]。

　このように一定程度教育の普及が図られたことに加え、ドイモイ体制下においてベトナム社会全体の市場化や国際化が図られている過程で、近年では教育の質的向上が課題となっている。「発展戦略」を手がかりにこのことを確認すれば、教育改革の方向性についてその「序言」のなかでは次のように述べられていることが重要である。

　2011年共産党第11回全国大会の議決では以下のことが宣言された。「標準化・現代化・社会化・民主化そして国際統合の方向にしたがって、ベトナ

ムの教育を根本的かつ全面的に刷新する。」「教育と訓練は国民の知識を向上させ、人的資源を開発し、人材を養成する使命を担っている。このことは国家の建設とベトナム人民の発展において非常に重要である。」

　また、「発展戦略」における「教育の発展のための指導的観点」では、「序言」と同様に、「標準化・現代化・社会化・民主化そして国際統合の方向にしたがって、ベトナムの教育を根本的かつ全面的に刷新する」ことや、教育を「社会主義志向の市場経済体制に適応」させ、「科学技術の発展に応じるように教育を発展させる」こと、「集中的に教育の質を向上させ、特に道徳教育の質、生活、創造的能力、実践的技能を向上させる」ことが強調されている。

　ただし注意しなくてはならないのは、教育の発展は共産党による社会主義体制のもとで実施されなくてはならないとする党および国家の意思が一貫して存在していることである。このことは具体的には、「教育の発展は最も重要な国家の政策である。教育は、党、国家および全人民の事業である。教育の発展において、党の領導と国家の管理を強化し、各組織、政治、経済、社会団体の役割を向上させる。教育への投資は発展のための投資である」。「教育の、人民性・民族性・先進性・現代性・社会主義性を実現し、マルクス・レーニンおよびホーチミン思想をその基礎に置く」ことが教育の指導的原則となっていることから読み取れる（傍点筆者）。

　このようにみてくると、教育の質的向上を図る教育改革の主要な方向性の1つは、教育の国際化ないしWTOへの加盟に象徴される国際統合であるだろう。しかしながら同時に、党の領導（リーダーシップ）と国家の管理を一貫して基礎に置き、教育発展の指導的観点として、国民道徳や社会主義性、民族の本性といったことが強調されていることには注意が必要である。すなわち、教育の発展においては「民族の本性、独立の堅持、自主、社会主義の方向性の確保と発揮を基礎として、より深く教育を国際社会へと統合させていく」ことが要点となっているのである。このような二重性は、近年の改革からも確認することができる。

従来ベトナムの国民教育は、教育内容や方法、管理運営体制といった点において、極めて集権的かつ画一的であった。とりわけ普通教育は、大きく全国で統一されたカリキュラムと一種類の国定教科書に基づいて授業が行われていた[5]。しかしながら近年では、教育の国際化が進められる過程で、従来の教育のありようを改革する動きが生じている。

そうした動きの1つとして、2015年3月に、第404号政府首相決定「普通教育カリキュラム・教科書刷新に関する提案の承認決定」が打ち出された。この決定の要点は、第1に、教育の内容に関して、教育カリキュラムの柔軟化を図るためにカリキュラムに関する自主裁量が一定程度地方政府に認められるようになること、また、ベトナムの企業や個人にも教科書の作成権を与えることで、ベトナムにおいて教科書検定制度が導入されることである。第2の要点は、教育改革の目標と方向性に関して、「グローバル市民(原語、全球公民)」に向かって徳・知・体・美に関して全面的にベトナム国民を発展させることを目標とすると同時に、カリキュラムおよび教科書の刷新にあたって「重要視するのは、愛国心、民族としての誇りの気持ち、道徳、人格、生活態度に関わる教育である」と明記されたことである。

このように現代のベトナムでは、教育改革の方向性として教育の国際化、より強くいえばベトナム国民の「グローバル市民」への教育が戦略的に重要視されてきている一方、このことと同時に、党による社会主義体制の維持と多民族国家が抱える「ベトナム人」としての国民統合の必要性が国家と国民教育の在り方のなかに存在しているといえる。

第2節　ベトナムにおけるIBの現状

以上のような状況のもと、ベトナムではIBやIB認定校はどのような状況に置かれているのだろうか。ここで結論を先取りしておくと、国民教育体系との関係からいえば、ベトナムにおけるIB認定校はすべてがインターナショナル・スクールとして運営されており、IB認定校は国民教育体系の枠の外

側に存在している。すなわち、IBはベトナムの大学への入学要件としては
みなされておらず、IB認定校の卒業生は原則として外国の大学に進学する
必要がある。そうではあるが、ドイモイ体制下においてIB認定校の機関数、
DP認定試験受験者数ともに微増傾向にある。本節では、こうした拡大状況
を踏まえて基本的な情報を整理し、ベトナムにおけるIBの展開状況と大学
への接続のありようについて検討しよう。

(1) ベトナムにおけるIBの展開状況

　ベトナムにおけるIB認定校は、1996年に首都ハノイにおいてハノイ・イ
ンターナショナル・スクールが設置認可されて以降、ホーチミン市を中心に
増加し、2016年ではハノイ市に3校、ホーチミン市に8校が存在している。

表4－2　ベトナムにおけるIB認定校の概要

ハノイ市におけるIB認定校	PYP	MYP	DP	認可
ハノイ・インターナショナル・スクール	✔		✔	1996年
国連インターナショナルスクール・ハノイ校	✔	✔	✔	1997年
ブリティッシュ・インターナショナル・スクール・ハノイ校			✔	2016年
ホーチミン市におけるIB認定校	PYP	MYP	DP	認可
アメリカ・インターナショナル・スクール			✔	2010年
オーストラリア・インターナショナル・スクール	✔		✔	2011年
ブリティッシュ・インターナショナル・スクール・ホーチミン市校			✔	2005年
カナダ・インターナショナル・スクール			✔	2015年
サイゴン南インターナショナル・スクール			✔	2010年
ヨーロッパ・インターナショナル・スクール	✔	✔	✔	2014年
インターナショナル・スクール・ホーチミン市	✔	✔	✔	1998年
ルネッサンス・インターナショナル・スクール・サイゴン			✔	2009年

出典：IBOホームページより、筆者作成 (http://www.ibo.org/programmes/find-an-ib-school/?SearchFields.
　　　Region=ibap&SearchFields.Country=VN&SearchFields.Keywords=&SearchFields.Language=&SearchFields.Boardin
　　　gFacilities=&SearchFields.SchoolGender=より、2016年3月17日最終アクセス)

第4章　ベトナムにおける国際バカロレアの展開　105

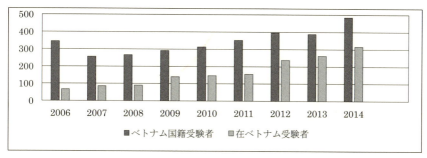

図4-2　ベトナムのDP認定試験受験者数の推移

(出典) International Baccalaureate Organization, Diploma Programme Statistical bulletin、各年版より筆者作成。
縦軸の単位は人、横軸は年次。

　こうした各IB認定校による提供プログラムの種類とIBOによる認可時期を整理したものが**表4-2**である。表4-2から、DPはすべてのIB認定校において提供されており、ベトナムにおけるIB認定校はすべてがインターナショナル・スクールであることがわかる。機関数では、IB認定校はホーチミン市に集中する傾向にあり、特に2010年以降はホーチミン市での設置認可が増加している。このことの要因には、ホーチミン市が経済の中心であると同時に、外資系企業の誘致を積極的に行っていることがある。

　また、DP認定試験の受験者数について、推移を棒グラフで示したものが**図4-2**である。図4-2から全体としてみれば、ベトナム国籍の受験者が2007年に減少してはいるものの、ベトナム国籍受験者と在ベトナム受験者ともに増加傾向にあることがわかる。

　データの制限から、ベトナムのIB認定校に通うベトナム国籍保有者(ベトナム人)の正確な人数は明らかにはなっていない。後の議論との関係から、ここで特に強調する必要があるのは、「毎年の平均をみると、こうしたインターナショナル・スクールで学ぶ生徒」のうち、「入学定員の90％に対しては外国籍の子どもあるいは両親が外交官の子どものために優先的入学者枠として設定されており、残りの10％はこうした学校で学ぶことを希望するベトナム国籍の父母の子どもに充てられる」という指摘である[6]。このことは、

ベトナムで生活しながらIB認定校に通うベトナム人子弟の割合が相対的に
低いことを示している。

　また、こうした指摘とも関わって実際としても、IB認定校をはじめ、ベ
トナムにおけるインターナショナル・スクールの学費は非常に高額であるた
め、多くのベトナム人子弟にとって学費の捻出がそうした学校に進学する際
の障壁の1つになっていると考えられる。

　具体的にハノイの場合をみてみると、ハノイのIB認定校としてハノイ・
インターナショナル・スクールと国連インターナショナル・スクール・ハノ
イ校が存在しているが、2014年10月20日付の『若者』の記事を参照すれば、
これらの学校は平均して年間学費が4億5000万ドン（約225万円）となって
いる7。一方、2016年現在ハノイの公立後期中等教育機関の学費は、都市
部で年間60万ドン（約3000円）、農村部では年間30万ドン（約1500円）とい
う低額なものであり、一般の公立後期中等教育機関とIB認定校の学費には
およそ700倍もの非常に大きな較差が存在していることがわかる。なお、ハ
ノイ人民委員会は、2015年に政府議定にしたがって公立教育機関の学費の
値上げを行ったが、それでも政府が設定した学費の上昇枠のなかでは最も低
い金額に設定されている（**表4－3**）。このように学費に着目してみると、ハ
ノイにおいて国民教育体系にある公立教育機関とIB認定校がいかに離れた
距離に置かれているのかがわかるだろう。

　このようにベトナムにおけるIB認定校は首都ハノイを皮切りに、ホーチ

表4－3　ハノイにおける公立教育機関の学費に関する政策と実態（一年間の学費）

教育機関	地域	従来の学費	2015－2016年度の学費	政府議定による値上げ額の枠組み
前期・後期中等教育機関（第6－12学年）	都市部	40万ドン	60万ドン	60万～300万ドン
	農村部	20万ドン	30万ドン	30万～120万ドン
	山岳地帯	無料	8万ドン	8万～60万ドン

出典：http://tuoitre.vn/tin/giao-duc/20151125/ha-noi-chon-muc-tang-hoc-phi-toi-thieu/1009363.htmlより
　　　2016年3月13日最終アクセス。（注）20万ドン＝約1000円（2016年3月現在）

ミン市を中心に量的に拡大してきている。その拡大を担っているのは主として外国人の子弟のためのインターナショナル・スクールであり、IB認定校への入学はベトナム国籍の生徒にとって限定的な進路であるといえる。すなわち、IB認定校の拡大の背景には国家的な奨励政策はなく、インターナショナル・スクールがそれぞれIBプログラムを展開してきたのである[8]。

(2) 大学入学者選抜制度とIBの関係

すでに述べたようにIB認定校はすべてがインターナショナル・スクールであり、ベトナムの国民教育体系の枠外にある。原則としてベトナムにおける高等教育機関（外国大学分校等は除く）に入学するためには、国民教育体系にある後期中等教育機関を卒業したうえで、国家統一試験を受けなくてはならない。教育訓練省は、IBをベトナムの高等教育機関に入学するための正規の資格とは位置づけておらず、現時点ではインターナショナル・スクールを国民教育体系に接続させようとする教育政策やIB認定校拡大のための方針を持ち合わせていないといわれている[9]。すなわちIB認定校は、ベトナムの公的な高等教育システムに接続されておらず、IBはベトナムの大学への入学資格とはなっていないのである。

また、IB認定校における具体的なカリキュラムについては後に検討するが、それらは教育訓練省が定めるナショナル・カリキュラムに則ったものではない。そうした例として、教育訓練省が「後期中等教育カリキュラムの鍵」として国民教育の中心に位置づける「公民教育」や「国防・安寧教育」などの科目は[10]、IB認定校では提供されていないのである。

ベトナムにおけるIB認定校の拡大状況やその実態を検討するのに先立って、ベトナムの国民がどのように大学に選抜されるのかという俯瞰的視点から、ベトナムにおける大学入学者選抜制度の特徴を確認しておきたい。ベトナムにおける大学入学者選抜制度は、制度が整備される時期と特徴によって大きく3つに区分できる。具体的には、①従来型社会主義体制期、②体制移行期、そして③制度改革期である。

第1に、従来型社会主義体制期 (1976年〜1988年) においては、中央教育行政部門である大学・中等職業教育省が試験問題と各大学の募集定員を統一的に管理することに加え、大学に入学するにあたっては生徒の政治的品性や道徳といったことがらが重視されていた。また、この方式では大学入学者選抜を組織・実施するのは地方政府の役割となっていた。

第2に、体制移行期 (1989年〜2014年) では、1989年以降、試験問題の作成や評点、および学生選抜に至るまで各権限が実験的に各大学に委ねられたものの、2003年以降は、大学進学を希望する生徒は、全国統一の後期中等教育試験に合格したうえで、教育訓練省が組織・管理する国家統一試験を受ける方式がとられていた。また、従来の体制において重要視されていた大学入学者選抜の際の政治的基準が廃止されることで、学生の学力が大学入学者を選抜するための基準となった。

そして第3に、制度改革期 (2015年〜現在) では、これまでの全国統一の後期中等教育修了試験と大学入学者選抜のための国家統一試験が「国家後期中等教育卒業試験」として一本化され、原則としてこの試験の点数によって大学入学者の選抜が行われるようになっている[11]。なお、制度改革期では従来と同様に教育訓練省が大学入学者の選抜において影響力を発揮する制度設計となっているが、大学入学者の選抜にあたり個別の大学にも一定程度の自主権が与えられつつあることも強調せねばならない。2016年度から、ハノイ国家大学では、一定人数の学生を対象に大学自身が試験問題を作成できるようになっており、この試験の結果は同時に、ハノイ国家大学の認定を受けた他大学においても活用可能である[12]。

このように、ベトナムの大学に進学する場合は原則として国民教育体系における後期中等教育の修了と国家統一の大学入学試験の受験が必要となっており、ベトナムのインターナショナル・スクールの卒業生は外国の大学に進学しなくてはならないのである。

本節における検討からベトナムにおけるIBの現状を整理すれば、IB認定校はインターナショナル・スクールとして1990年代中葉以降、ハノイおよ

びホーチミン市において規模の拡大を図ってきている。こうした機関は、イ
ンターナショナル・スクールとしての性格とも関わって、学費の相対的高さ
やベトナムの大学との非接続性から生徒の多数が外国人子弟によって占めら
れているのである。なお、IB認定校が微増ながらも増加傾向にある背景には、
教育訓練省による積極的な発展政策はないものの、教育の国際化を進めるた
めの方策として、外国からの教育協力や教育への投資、そして外国大学分校
の設置を奨励する一連の法制度の整備があったことをここで指摘しておく[13]。

第3節　ベトナムにおけるIB認定校の実態

　本節では、個別の事例を手がかりに、国民教育の枠の外側にあるIB認定
校の実態とその特色を観察する。ここで焦点をあてるのは、ベトナムにおい
て最も歴史の古いIB認定校の1つであるハノイ・インターナショナル・ス
クールと国連インターナショナル・スクール・ハノイ校の2校である。具体
的には、こうしたインターナショナル・スクールに関する一般的情報とDP
カリキュラムを中心にその内容を検討していくことにしよう。

(1) ハノイ・インターナショナル・スクール

　ハノイ・インターナショナル・スクールは、1996年に設立されたベトナ
ムでは最も古いIB認定校の1つである。2016年現在、就学前から第12学
年まで、289人の生徒が在籍している。生徒の国籍は大きく、日本人、ベト
ナム人、韓国人から構成される。こうした生徒の国籍の構成は、近年ベトナ
ムにおいて日系企業の進出が増加してきていることや、韓国人街が比較的近
くに存在するといった立地条件と関わっているといえる。

　ハノイ・インターナショナル・スクールは、CIS (Council of International
School) とNEASC (New England Association Schools and Colleges) により認可を
受けており、IBプログラムに関してはPYP (Primary Years Program) とDPにつ
いてIBOによって認可されている。カリキュラムは大きく、幼児教育段階

から第5学年まではPYPを、第6学年から第8学年まではMYP（Middle Years Program）およびオーストラリア・ナショナル・カリキュラムが、第9学年と第10学年ではケンブリッジIGCSE、そして第11学年と第12学年ではDPが提供されている。なお、第12学年に在籍する生徒は多くがDPを履修しているといえ、2015－2016年度の生徒全員がIBディプロマの受験生である。

ハノイ・インターナショナル・スクールでは、入学費が2千3百万ドン（およそ10万円）であり、DPを履修している生徒の年間の学費は、2016年度のもので5億4千万ドン（およそ252万円）と設定されている。これは一括で支払った場合の学費であり、二期ないし四半期ごとに分割で払う場合は金額が多少上昇するように定められている[14]。現在の学費は、『若者』で報じられた4億5千万ドンという学費よりも高額になっている。

IBディプロマ取得後の受け入れ先大学は、次の通りである（2011－2015年、2人以上進学）。すなわち、①東南アジア圏：RMIT（ベトナム、外国大学分校）、②韓国：ソウル国立大学、KAIST、延世大学、成均館大学、③日本：早稲田大学、上智大学、④オーストラリア：メルボルン大学、⑤フィンランド：Aalto University、⑥カナダ：トロント大学、⑦イギリス：エジンバラ大学、⑧アメリカ：ボストン大学、コロラド大学となっている。このように、世界各地の大学が進学先となっているが、ベトナムでは、外国大学分校であるRMITが唯一の進学先になっている。

ハノイ・インターナショナル・スクールで提供されているDPの具体的な内容に関してみてみると、教育理念ないし目指す学習者像に関わることがらは、IBOが打ち出しているそれと同一となっている。科目選択については、各生徒は6グループから1つずつ教科を選択し、そのうち3教科はHigher Level（HL）を、残りの3教科はStandard Level（SL）を選択することになっている。具体的にDPの科目内容を示せば、**表4－4**のようになる。

興味深い点としては、「言語A」の科目構成があげられる。「言語A」は、主として母語を選択することとなっているが、ハノイ・インターナショナル・スクールでは、ベトナム人、韓国人、日本人が多く在籍することからこうし

第4章　ベトナムにおける国際バカロレアの展開　*111*

表4－4　ハノイ・インターナショナル・スクールにおけるDPの科目内容

	グループ名	科目
1	「言語と文学の学習」 （「言語A」）	英文学A・ベトナム文学A・韓国文学A・日本文学A
2	「言語習得」 （「言語B」）	英語B・フランス語B・フランス語（初級・SL）・母語独学（SL）
3	「個人と社会」	ビジネスと経営・経済・地理・歴史・グローバル社会における情報技術
4	「科学」	生物学・化学・物理
5	「数学」	数学・数学学習（SL）
6	「芸術」	芸術とデザイン、ないしは、グループ3・4から2つ目の科目を1つ選択する。

(注)（SL）の表記がない科目については、すべてHLかSLかを選択。
出典：Hanoi International School. *A Guide to the International Baccalaureate Diploma Programme 2013-15* より、
　　　筆者作成。

た科目構成になっていると考えられる。

　生徒の評価にあたっては、DPの科目全体として生徒の探求的な姿勢が重視されていることも重要である。そうした例としては、「言語A」では文学研究の一環として小論文を提出することになっているし、「個人と社会」では、「ビジネスと経営」や「経済」において研究プロジェクトの実施や小論文の執筆が必須事項となっているのである。

　加えて、IBOの規定を踏まえ、「知識の理論（TOK）」「課題論文（EE）」そして「創造性・活動・奉仕（CAS）」のコア学習についても重要度が高く必須の活動となっている。このうち、ハノイ・インターナショナル・スクールではとりわけ「CAS」を重要視しており、それには次のようなものが含まれている。すなわち、ベトナム赤十字への募金、孤児院のための玩具・衣服の寄付、ストリートチルドレンのための寄付活動、地域の子どもへの英語教育等である。こうした活動内容からは、開発途上にあるベトナムが抱える課題に対し、「CAS」を通じて生徒がベトナムの現状をより深く認識し、建設的な姿勢を涵養できるようにする意志がうかがえる[15]。

(2) 国連インターナショナル・スクール・ハノイ校

国連インターナショナル・スクール・ハノイ校は、1988年にUNDP、UNICEF、そしてベトナム教育訓練省による協力のもとで設置されたハノイ市における最初のインターナショナル・スクールである。また、国連が直接管理運営する世界で2校しかない国連インターナショナル・スクールの1校であると同時に、PYP、MYP、DPのすべてのIBプログラムの提供資格をIBOにより認可されたアジア最初のIB学校でもある。インターナショナル・スクールとしては、CIS（Council for International Schools）、WASC（Western Association of Schools and Colleges）から認可を受けている。

幼児教育から第12学年までの教育プログラムが提供されており、IBプログラムはすべての生徒が履修可能となっている。国連インターナショナル・スクール・ハノイ校に在籍する生徒の国籍の特徴として強調すべきは、特定の国民が生徒全体の20％を超えることがないように調整されていることである。2010－2015年度の受け入れ生徒の国籍をみると、全体の10％を超える主要な国籍はベトナム、韓国、アメリカの3か国に過ぎない。2014－2015年度では国連インターナショナル・スクール・ハノイ校全体で67の国籍、1090人の生徒が学んでいる状況である。なおその内訳は、幼児教育（144人）、初等（第1〜第5学年：405人）、中等（第6〜第8学年：269人）、そして高等（第9〜第12学年：272人）となっている。

入学費は900ドルであり、年間の学費については、DPを履修している第11－12学年の生徒でおよそ2万5千ドル（約250万円）を支払うことになっている。四半期にわけて分割で払うことも可能であるが、その場合は4％上昇するように設定されている[16]。

国連インターナショナル・スクール・ハノイ校は、国連が管理運営する教育機関ということと関わって、国連の原則が教育理念の中心に据えられている。具体的に教育における「価値と信念」をみると、UNISハノイは「学び」、「コミュニティ」、そして「責任感」に価値を置いていることがわかる。このうち、特徴的なものとして「学び」と「コミュニティ」の理念を引用すれば、「学び」

においては「国際標準を超えるダイナミックなカリキュラムを用いて、批判的に学び、考え、顧みること」、「生涯にわたり人格を成長させるために、学校内外において知識を使うと同時に応用すること」、「問いと研究を協働させることで、地域的および地球的規模の問題に関する革新的な解決策を模索すること」を生徒に求めている。

また「コミュニティ」では、生徒が「積極的に他者とつながることで、協力的かつ長期的で、多様な友人関係を構築すること」「安全で、お思いやりのある、持続可能な環境を作るための行動を起こすこと」「様々な文化、信仰、そして言語を尊重すると同時に正しく評価することで、地域的および地球的規模の問題に対する理解を深めること」が理念となっている。

そのうえで、指導的原則が次のように置かれている。すなわち「生徒が、独立して生涯学習を行い、卓越性を求めて努力すると同時に、グローバル社会と自然環境に対して責任をもつ国際的なリーダーになるように鼓舞すること。具体的にそれは、多様性を重視する環境のなかで、国連の思想と原則を反映したプログラムを通じて成し遂げられる」のである。

なお、こうした教育の理念を達成するため、重要となる組織が「学校共同体組織」であり、この組織は国連インターナショナル・スクール・ハノイ校の生徒のすべての両親と教員から構成されている。学校共同体組織における主たる活動の原則は、「生徒の母語が多岐にわたるという点を考慮したうえでの、コミュニティビルディングの架け橋となること」や「すべての生徒の学習アプローチの質を高めること」そして、「学校生活のすべての面でボランティア精神を涵養・発揮すること」などである。

このように学校全体の理念としては、国際的に活躍できる人材を養成することに重点が置かれているといえる。こうしたことを土台として、IBの理念については、「すべてのIBプログラムは、学習者が普遍的な人間性とすべての人間が地球を守らなくてはいけないという認識をもつとともに、よりよく、より平和な世界を構築しようとする国際的な精神を学習者のなかに涵養すること」が目指されているのである。

IBディプロマ取得後の受け入れ先大学は、次のとおりである（ただし、2010－2015年の期間で、二人以上進学していることを前提とした）。すなわち、①オーストラリア：メルボルン大学、②カナダ：ブリティッシュ・コロンビア大学、トロント大学、③韓国：KAIST、ソウル国立大学、④イギリス：チェルシー芸術音楽大学、ブリストル大学、エジンバラ大学、⑤オランダ：マーストリヒトカレッジ大学、⑥アメリカ：アズサパシフィック大学、ニューヨーク大学、ノースイースト大学、ノースウェスタン大学、カリフォルニア大学ロサンゼルス校となっている。

すべてのIBプログラムの認証を受けたアジア最初のIB認定校でもあることから、国連インターナショナル・スクール・ハノイ校のカリキュラムはIBOの打ち出すそれを踏まえたものとなっている。科目選択については、各生徒は6グループから1つずつ教科を選択し、そのうち、3教科はHigher Level（HL）を、残りの3教科はStandard Level（SL）を選択することになっている。具体的にDPの科目内容を示せば、**表4－5**のようになる。

国連インターナショナル・スクール・ハノイ校におけるDPは、表4－5

表4－5　国連インターナショナル・スクール・ハノイ校におけるDPの科目内容

	グループ名	科目
グループ1	「言語A（文学）」 「言語A（言語と文学）」 「独学言語A（文学）」	ベトナム語、韓国語、英語 英語A 英語以外の言語（SL）
グループ2	「言語習得」「言語初級」	言語B：英語、フランス語、スペイン語 フランス語、スペイン語、中国標準語（北京官話）
グループ3	「個人と社会」	経済、歴史、心理学、ビジネスと経営、環境システムと社会（SL）
グループ4	「実験科学」	生物学、化学、物理学、コンピュータ科学、環境システムと社会（SL）
グループ5	「数学」	数学、数学学習（SL）
グループ6	「芸術」	舞台芸術、映画、音楽、視角芸術

（注）（SL）の表記がない科目については、すべてHLかSLかを選択。
出典：UNIS Hanoi. *IB Diploma Programme Handbook 2015-2016.* より、筆者作成。

から明らかなように大枠としての6グループと、DPの中心となる3つのコア学習（「TOK」、「EE」、「CAS」）から構成されている。興味深い点としては、カリキュラム全体として、主体的な学習と批判的考察、研究といった探求的な活動が生徒に求められていることである。そうした例として具体的には、「言語A」では小論文や独立した研究が、「個人と社会」における「歴史」では歴史研究と分析が評価の要点になっているし、「芸術」でも「舞台芸術」では調査研究が重視されている。また、国連が管理運営する教育機関としての性格は、「言語習得」の科目群が、国連公用語であることにも表れている。より強くいえば、こうしたカリキュラムは、国際的なリーダーないし、国際公務員の養成を意識した構成となっている。

　なお、2015年度のDP認定試験の合格率は、国際平均が79％であるのに対し、国連インターナショナル・スクール・ハノイ校は94％となっている。この点で、国連インターナショナル・スクール・ハノイ校は相対的に優れた業績をおさめているといってよいだろう。

(3) 事例考察

　以上、ベトナムにおけるIB認定校の事例として、とりわけ古い歴史をもつ教育機関であるハノイ・インターナショナル・スクールと国連インターナショナル・スクール・ハノイ校の2校を観察した。本項では、機関類型、生徒の国籍・進学先、学費、そして教育理念・カリキュラムといった諸項目を取り上げ、これら2つのIB認定校の実態について整理したうえで、国民教育体系との関係という視点から事例の考察をする。

　第1に、機関類型について、ベトナムにおけるIB認定校がすべてそうであるように、事例校は両校ともにインターナショナル・スクールであり、ベトナムでは非公立高校として位置づけられる。設立時から現在に至るまで、両校とも一貫してインターナショナル・スクールとして国際的な機関の管轄下に置かれており、ベトナム政府の関与の外部にあるといえる。

　第2に、生徒の国籍・進学先としては、ハノイ・インターナショナル・ス

クールが大きく日本人・ベトナム人・韓国人の生徒から構成されるのに対して、国連インターナショナル・スクール・ハノイ校ではすべての生徒に対して特定の国民が20％以上を占めることがないように調整されている。そのなかでは、ベトナム人、アメリカ人、そして韓国人が主要な国籍となっている。進学先をみると、IBが「世界の一流大学へのパスポート」と呼ばれるように[17]、トロント大学やソウル国立大学、そしてメルボルン大学（オーストラリア）をはじめ、多くの生徒が世界的に有名な大学に進学している実績が確認された。

第3に、学費については、両校ともおよそ250万円が年間の学費として必要となっており、ハノイにおける公立高校の学費の平均である1500円とは非常に大きな較差が存在していることがわかる。また、2014年時点でのこうしたインターナショナル・スクールの学費を報じた『若者』の記事を考慮すれば、両校とも2014年と2016年のわずか二年間で25万円相当の学費の上昇が生じているといえる。

第4に、教育理念・カリキュラムをみると、両校ともに主としてIBOの打ち出すコア学習（「TOK」「EE」「CAS」）や批判的学習・分析力といった能力観を教育理念の中心に据えてカリキュラムを構築していることがわかった。ただし、国連インターナショナル・スクール・ハノイ校では、本校が国連の直接管理運営するインターナショナル・スクールであることと関わって、「国際標準を超えるダイナミックなカリキュラム」を通じて「問いと研究を協働させることで、地域的および地球的規模の問題」に取り組む生徒を育成し、将来的に国際的なリーダーを養成するとしており、その教育理念は国際公務員をはじめとした国際的なリーダーの養成をより明瞭に意識しているといえる。

こうした事例の検討から、国民教育体系との関係において、ベトナムにおけるIBの展開に対して次のようなことが明らかになる。すなわち、ベトナムにおけるIB認定校は、IBOや設立機関などが定める国際的な教育のありように基づいて活動し、ベトナムの国民教育体系とは乖離している一方で、ベトナム政府は、そうした機関で提供される教育を自国の大学入学者選抜制

度と結びつける政策や、従来の後期中等高等教育機関に対しIBを提供でき
るような機関へと転換させる政策を持ち合わせていないのである。もちろん
「拡大」の程度ないし段階を検討する必要はあるが、グローバルな教育資格
としてのIBが世界的に拡大するなかで、その受け入れ国では既存の教育制
度をそれへと適応させなければならない状態に置かれるという見方に立てば、
こうした教育変容が強く現れる国家群があるのに対し[18]、ベトナムでは現状
としてIBに対する積極的な適応は生じていない。その背後には、IBを国民
教育と接続させようとする政策的な圧力が大きくないことがある。すなわち
その要因は、グローバル化のなかでの社会主義体制の維持と国民統合のため
の国民教育の実施が重要課題であること、IB認定校におけるベトナム人子
弟の相対的な規模が小さく国民教育とIB認定校との教育間格差が可視化さ
れていないこと、そしてDP取得者を国民教育体系のなかにあるベトナム自
前の高等教育機関が受け入れるにあたって国家体制と関わる課題が存在する
ことなどがあげられる[19]。

おわりに

1986年にドイモイ政策が打ち出されて以降、共産党による一党支配体制
のもとで市場化を推進してきたベトナムでは、教育は一方では、市場化や国
際化の推進という観点から、グローバル化の影響を受けながらも、他方では
社会主義体制の維持と発展のため一貫して思想教育・道徳教育が重要視され
てきている。こうした特徴は、初等教育から高等教育に至るまで、ベトナム
の国民教育体制のなかに表れているのである。IBのありかたについていえ
ば、現状においてベトナムはIBに関わる政策を持ち合わせておらず、IBは
後期中等教育修了資格ないし高等教育進学資格に相当するものとはなってい
ない。

こうした背景を踏まえ、実態としてのIB認定校における教育の在り方を
みると、ベトナムではこうした教育機関はすべてがインターナショナル・ス

クールであり、国民教育体系の枠の外に位置づけられている。その特徴として第1に、ベトナムの国家としての教育理念ではなくIBOの理念を踏まえつつ、それぞれの方針に基づいて教育が行われており、外国大学と接続されていることが明らかになった。具体的には、本章で取り上げたハノイ・インターナショナル・スクールでは、日本、ベトナム、そして韓国籍の生徒を中心に、IBOの理念に基づいてDPが提供されている。また、国連インターナショナル・スクール・ハノイ校では「国際標準を超えるダイナミックなカリキュラム」とされる国連の理念や思想を反映したカリキュラムを使用し、国際公務員をはじめとする国際的なリーダーを養成することを目指している。こうしたIB認定校における教育の理念は、「愛国心、民族としての誇りの気持ち、道徳」を重視するベトナムにおける国民教育体系の論理とは異なるものとなっている。

　第2に、IB認定校における学費は、ベトナムの公立および非公立の教育機関と比較した場合に格段に高額である。ハノイ・インターナショナル・スクールと国連インターナショナル・スクール・ハノイ校の年間の学費をハノイにおける公立普通教育機関と比べると、そこには単位にしておよそ700倍もの隔たりが存在しているのである。開発途上にあるベトナムでは、高額なIB認定校における学費の設定のために、ベトナム人国籍の多くの子弟に対して門戸が開かれているとはいいがたい状況がある。

　以上のことから、ベトナムでは、IBは国民教育体系とつながりをもっておらず、IB認定校はそれぞれIBOの規定や当該機関を管理運営する国際的な組織の理念を受けて教育活動を行っているといえる。仮説的にではあるがこうした現状の要因には、グローバル化のなかでの社会主義体制の維持と国民統合のための国民教育の実施が重要課題であること、IB認定校におけるベトナム人子弟の相対的な規模が小さく教育較差の議論が俎上に上がっていないこと、そしてDP取得者を国民教育体系のなかにあるベトナム自前の高等教育機関が受け入れることに関して課題が存在することなどがあげられる。こうした点から、ベトナムでは、IBを国民教育と接続させようとする政策

的な圧力が大きくないのである。ベトナムの現状では、IBを普及・拡大さ
せようとする国家的な意思は相対的に弱いと考えられるが、今後IB認定校
を漸次拡大させようとする段階に入っては、こうした諸課題をいかに解決し
ていくかが問われているものといえるだろう。

　なお既に述べたように、現在ベトナムでは、社会のグローバル化のもと教
育の国際化を推進してきている。このことと同時に、国家が抱える多民族を
「ベトナム人」として統合することや、それとも関わって共産党による社会
主義的理念をより強く反映した道徳教育の実践などが重要課題として浮上し
てきている。こうした観点から、「グローバル市民（全球公民）」の育成を目指
しつつあるベトナムでは、IBをはじめとする国際的な教育システムと国民
教育との関係性がどのように変容していくのか、今後の動向を注視したい。

注

1　http://www.mofa.go.jp/mofaj/area/vietnam/data.html　アクセス：2017/9/30
2　高等教育の量的な拡大は顕著であり、2001年－2002年度の高等教育就学者数
　は974,119人であったが、それが2010年－2011年度では2,162,106人に拡大し
　ている。
3　「2005年教育法」、第45条。
4　Thú tướng chính phủ. "Chiến lược phát triển giáo dục 2011-2020."
5　南部広孝・関口洋平「体制移行に伴う社会主義国の教育変容」『京都大学大学院
　教育学研究科紀要』京都大学大学院教育学研究科、第57号、2011年、9頁。
6　http://vietnamnet.vn/vn/giao-duc/200156/nhung-truong-hoc-co-hoc-
　phi-400-500- trieu-dong.html アクセス：2016/7/25
7　『若者』「ハノイ、学費値上げを最小額に抑える」
　http://tuoitre.vn/tin/giao-duc/20151125/ha-noi-chon-muc-tang-hoc-phi-toi-
　thieu/1009363.html アクセス：2017/9/30
8　『青年』「国際バカロレアプログラムの拡大」
　http://thanhnien.vn/giao-duc/mo-rong-chuong-trinh-tu-tai-quoc-te-3136.html
　アクセス：2017/9/30
　なお、国家がIBに関心を抱き出したのは比較的最近のことであり、教育訓練省の
　官僚がIBOのアジア・太平洋地域の代表を招聘してIBの展開に関する講演会を初
　めて開いたのは2014年10月1日ことである。
9　2016年1月22日に筆者が行ったベトナム教育科学院高等教育局レ・ドン・フォ
　ン局長への聞き取りによる。

10　Chương trình giáo dục quốc phòng – an ninh cấp trung học phổ thông (Ban hành kèm theo Quyết định số: 79/2007/QĐ-BGDĐT ngày 24 tháng 12 năm 2007 của Bộ trưởng Bộ Giáo dục và Đào tạo)（後期中等教育：国防・安寧教育カリキュラム）

11　2015年3月11日に筆者が行った教育訓練省グエン・ラン・フオン女史および教育管理学院レ・フォック・ミン副院長への聞き取りによる。

12　『若者』「5月からハノイ国家大学で独自入学者選抜開始」 http://tuoitre.vn/tin/giao-duc/20160207/dh-quoc-gia-ha-noi-bat-dau-tuyen-sinh-rieng-tu-thang-5/1050079.htmlアクセス：2017/9/30

13　ドイモイ体制下で打ち出された1992年憲法によって「教育の国際交流・協力」に関して拡大方針が示されて以来、「1998年教育法」、「2005年教育法」そして現行の「2009年　改定教育法」を通じて、ベトナムの政策的方針としては一貫して教育の国際化が目指されてきている。特に「2009年改定教育法」では、「国際教育協力（第7章第3節）」の「外国からの教育協力の奨励（第109条）」において、外国からの教育協力や教育への投資の形式を、①教育機関の設置、②教育連携、③代表事務所の設置、④その他の教育協力の形式として、より具体的に規定するに至っている。2013年には、「ベトナム高等教育法」の制定を通じて、「外資系の高等教育機関（第7条）」「外国の大学との共同教育プログラム（第45条）」「外国の大学の代表事務所（第46条）」の設置が正式に認められた。

14　http://www.hisvietnam.com/images/File/Enrolment%20Pack%202016-2017.pdf アクセス：2016/7/25

15　第12学年に在籍している日本人生徒へのインタビューからは、必ずしもこうした協力活動に携わる必要はなく、活動内容は広く生徒会活動、国際劇団への参加、家族と学校の親睦会でのアルバイトなどもCASに含まれるということであった（2016年1月29日、ハノイ・インターナショナルスクールでの聞き取り）。

16　http://www.unishanoi.org/uploaded/Admissions/Tuition_and_Fees/UNIS_Hanoi Student_Tuition_and_Fees_Schedule_2016-2017.pdfアクセス：2017/9/30

17　田口雅子『国際バカロレア―世界トップ教育への切符―』松柏社、2007年。

18　Resnik, J. "The Decentralization of Education and the Expansion of the International Baccalaureate." *Comparative Education Review*. Vol. 56, No.2, p.252. ここでは、イングランド、フランス、アルゼンチン、チリなどの諸国を中心に、新自由主義的教育改革とIBとの関係について議論がなされている。

19　実現可能性については2点指摘できる。1点目は、ベトナムあるいは他国でDPを取得した学生が、進学先としてベトナムの大学を選定する可能性や需要がどの程度あるのかという課題である。2点目は、国際的な市民を育成するための教育を受けてきたIB認定校の生徒に対して、ベトナムの大学において社会主義の観点からベトナムの国民教育を行うことが可能かどうか、あるいはそうした需要が存在するのかという課題である。大学も国民教育体系のなかにある点で、大学においても社会主義体制を堅持するために国防教育やマルクス・レーニン主義およびホーチミン思想に関わる政治思想科目が必須科目となっている。

第5章　インドにおける国際バカロレアの展開

渡辺雅幸

はじめに

　インド共和国（以下インド）は、現在人口が12億人以上で、その規模は中国に次ぐ世界第2位であることに加え、ヒンドゥー教徒が人口の約8割という大多数を占めながらも、宗教的・言語的・民族的に非常に多様性に富んだ国としても知られる[1]。一方で、インドは未だ貧困という大きな問題を抱えてはいるものの、1991年以降の経済自由化と、とりわけ2000年代以降の経済成長は、そうした貧困の削減だけでなく、中間層の拡大にも大きく貢献してきたといわれる[2]。また経済成長による中間層の拡大は、彼らによる物的な消費の拡大だけでなく、子どもに対するより良い教育への需要とそれに伴う供給も拡大させている。

　本稿が対象とするインドの国際バカロレア（International Baccalaureate、以下IB）についても、詳細は後述するが、特に2000年代以降の経済成長に伴う中間層の拡大とともにIB認定校も急激に増加している。ただしインドのIBについては、たとえば国際バカロレア機構（International Baccalaureate Organization、以下IBO）がIBに関する報告書を定期的に発表してはいるものの、日本はもとよりこれまでインドのIBについての全体像はほとんど知られていない。

　本稿では、インドにおけるIB導入の背景、IBの現状、IB認定校の事例から、インドの公教育におけるIBの位置づけを明らかにする。

　そのために、まず第1節では基本情報としてインドの教育制度と現状を整

理する。続いて第2節では、インドにおけるIB導入の背景を、第3節では
インドにおけるIB導入の現状を明らかにする。さらに第4節では、IB認定
校の事例を概観し、最後にこれまでの内容を整理することで、インドの公教
育におけるIBの位置づけを明らかにする。

第1節　インドの教育制度と現状

　それでは、インドにおける教育制度と教育の現状を整理することからはじ
める。

　まずインドの学校段階は、第1～5学年対象の初等学校(Primary School)、
第6～8学年対象の上級初等学校(Upper Primary School)、第9～10学年対
象の(前期)中等学校(Secondary School)、第11～12学年対象の後期中等学
校(Senior Secondary School)の大きく4つに分けられ、基本的に5－3－2－
2制の構成になっている。義務教育については、2009年に連邦レベルで「無
償義務教育に関する権利法(以下RTE2009)」が制定(2010年施行)された。こ
れまで原則的に州の責任だった義務教育であったが、連邦がRTE2009を制
定することによって、連邦と州との協力のもとで積極的に義務教育普及の取
り組みがなされることになった[3]。なお義務教育は、第1～8学年が無償で
教育を受けられる対象である(**図5－1**)。

　次に2011-12年度におけるインドの各学校段階の総就学率(Gross
Enrollment Ratio)、学校数、生徒数は**表5－1**のようになっている。

　「総就学率」をみると、初等学校段階ではほぼすべての子どもが教育を受
けているといえる。それに対して、後期中等学校段階では、近年ようやく5
割を超えるようになった。ただし2004-05年度の時点ではわずか27.8%に
過ぎなかったことを考えれば、この約10年で大きく増加していることがみ
てとれる[4]。一方で「生徒数」でみれば、後期中等学校段階でも2001-02年
度では約1050万人だったが、2011-12年度にはその倍の2100万人を超え、
絶対数ではすでにかなり多くの若者が後期中等教育を受けているといえる。

第5章　インドにおける国際バカロレアの展開　123

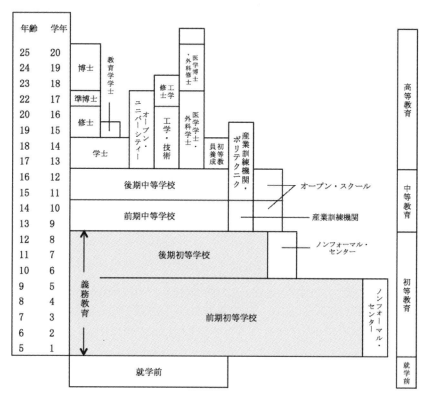

図5-1　インドの学校系統図

出典：押川文子「インドの教育制度－国民国家の教育制度とその変容－」押川文子・南出和余編著『「学校化」に向かう南アジア－教育と社会変容－』昭和堂、2016年、21頁を参考に筆者作成。

表5-1　2011-12年度におけるインドの各学校段階における総就学率、学校数、生徒数

（カッコ内は2014-15年度）

学校段階	総就学率(%)	学校数(校)	生徒数(万人)
初等学校(第1-5学年)	106.5 (100.1)	712,437 (847,118)	13,987 (13,050)
上級初等学校(第6-8学年)	82.0 (91.2)	474,294 (425,094)	6,301 (6,717)
中等学校(第9-10学年)	66.6 (78.9)	128,321 (135,335)	3,405 (3,830)
後期中等学校(第11-12学年)	45.9 (53.8)	84,133 (109,318)	2,101 (2,350)

出典：MHRD (2014, 2016)をもとに筆者作成

表5-2　2011-12年度におけるインドの各学校段階における運営形態（%）

学校段階/運営形態	政府立	地方立	私立被補助	私立無補助
初等学校（第1-5学年）	51.8	27.9	6.4	10.5
上級初等学校（第6-8学年）	55.7	14.4	9.4	17.4
中等学校（第9-10学年）	31.6	7.7	21.1	36.4
後期中等学校（第11-12学年）	32.2	0.8	25.0	39.1

出典：MHRD（2014）をもとに筆者作成

　さらに学校の運営形態については主として、「政府立（Government）」「地方立（Local Bodies）」「私立被補助（Private Aided）」「私立無補助（Private Unaided）」の4つに分類される。「政府立」は連邦もしくは州政府が設置・運営する学校である。「地方立」は、パンチャーヤット（Panchayat）と呼ばれるインドの地方自治レベル（通常数カ村を単位とする村落パンチャーヤットを基層とする）などが設置・運営する学校である[5]。「私立被補助」は（州）政府から資金援助を受けている私立学校である。「私立無補助」は（州）政府から基本的に資金援助を受けていない私立学校である。インドにおいてIBはこの「私立無補助」の学校が提供している。表5-2をみると、下位の学校段階では政府立と地方立の割合が高く私立の割合が低いが、学校段階が上がるにつれて政府立と地方立の割合が低くなり、代わって私立の割合が高くなることがわかる。

　最後に、インドにおけるナショナル・カリキュラム・フレームワーク（ここでは後期中等教育）について概説する。連邦レベルでは、国立教育研究研修審議会（National Council of Educational Research and Training、以下NCERT）がシラバスや教科書の作成などの際の大枠となるナショナル・カリキュラム・フレームワーク（以下カリキュラム・フレームワーク）を作成している（それに基本的に準拠した形で、州レベルでも作成されることもある）。2000年に出されたカリキュラム・フレームワークは、教育の目的として「教育は、無知、窮乏、苦痛といった足かせから人間を自由にする。教育はまた、非暴力、非搾取といった社会システムをもたらさなければならない。それゆえに学校のカリキュラムは、学習者が、彼らの個性全般にわたった成長の助けとなるような

知識を獲得し、理解を増し、技術や前向きな姿勢、価値、習慣を繰り返し教え込まれる (inculcate) ことを可能にしなければならない」と謳っている。そしてカリキュラムは、学習者たちが「読み書きなどの言語能力」「論理的な考え方を発達させるための数学的な能力」「科学的な態度」「自然・社会環境などの理解」などのほか、「国家の象徴に敬意を示すための知識」「愛国心、ナショナリズムの深い認識」をもつことなどに役立たなければならないとしている[6]。このように2000年のカリキュラム・フレームワークでは、人材像として基礎的な技能に加え、愛国心などの習得が強調されている。また「愛国心、ナショナリズム」に象徴されるように、この時期はヒンドゥー・ナショナリズムを掲げるインド人民党の影響を受けていることにその特徴がある[7]。一方で2005年に出されたカリキュラム・フレームワーク (2017年10月現在も継続中) では、「第一に、民主主義や、平等、社会正義、自由、他人の幸福への関心、世俗主義、人間の尊厳と権利の尊重などの価値への献身である。教育はこれらの価値への献身を増すことを目的とすべきである」としている。そのために、「注意深く考え、価値観に基づいた意思決定能力」「他人の幸福と感情への感受性」「人生における選択と、民主的な過程に参加するための能力」「美や芸術の理解」などが重視されている[8]。このように2005年のカリキュラム・フレームワークでは、2004年の政権交代の影響によってナショナリズムの強調が後退し、人材像としては基礎的な技能の習得というよりは自ら考える力を、また「民主主義」や「平等」、「世俗主義 (secularism)」など多様性を尊重することが強く謳われている。なおインドのカリキュラム・フレームワークとIBの関係について、カリキュラム・フレームワークはすぐ後で述べるインド国内の委員会 (Board) が提供するカリキュラムなどには大きな影響を与えるが、IBを含めた国際的あるいは他国の組織が提供するカリキュラムならびにその学校には影響を与えない。

　一方で、インドでは各学校の設置者はその設置と並行して、実際のカリキュラムの提供主体となる委員会 (Board) を選択し、提携 (affiliation) する。基本的に連邦政府が設置する後期中等学校は中央中等教育委員会 (Central Board of Secondary Education、以下CBSE)、州政府が設置する（あるいは補助金を与える）学校は各州レベルの委員会と提携している。一方で私立無補助学校はその設立趣旨にもよるが、CBSEや州レベルの委員会のほか、上述したようにIBなどと提携している。**表5−3**はCBSEが提供している主要科目である。主要科目として生徒は、言語科目を2つ（そのうち一つは英語あるいはヒンディー語）、選択科目を3つ受講しなければならないため、各学校はその同数の科目を最低限提供しなければならないことになる。言語科目については、CBSEが連邦レベルであるという性格上、州や地域で使用されている多数の言語を含んでいる（ただし、これはあくまでCBSEが用意する科目であり、実際に学校側が提供できなければ生徒は選択することはできない）。それに対して選択科目については、数学、物理、化学、生物、歴史、地学などのポピュラーな科目に加え、エンジニアリング・グラフィクスや起業、軍事教練などのめずらしい科目もかなり含まれている（ただし言語同様に学校側が科目を提供できなければ選択することはできない）。またその他にも必須科目として生徒は、「仕事教育」や「一般教養」、「保健体育」なども受講（学校は提供）することになっている。

表5−3　CBSEが提示する後期中等教育段階（第11・12学年）の科目

Ⅰ.言語（以下から2つ）

　ヒンディー語、英語、アッサム語、ベンガル語、グジャラート語、カシミール語、カンナダ語、マラーティー語、マラヤーラム語、マニプル語、オリヤー語、パンジャーブ語、シンド語、タミル語、テルグ語、ウルドゥー語、サンスクリット語、アラビア語、ペルシア語、リンボ語、レプチャ語、ブティア語、ミゾ語、タンクル語、ボド語、ネパール語、チベット語、フランス語、ドイツ語、ロシア語、スペイン語

Ⅱ.選択科目（以下から3つ）

　数学、物理、化学、生物、バイオテクノロジー、エンジニアリング・グラフィクス、家政学、経済学、政治学、歴史、地学、実務研修、会計、美術、農業、コンピューター科学／情報科学実践、マルチメディア・ウェブ・テクノロジー、社会学、心理学、体育、音楽・ダンス、起業、ファッション、マスメディア、とインドの知の伝統・実践、法律、人権・ジェンダー、軍事教練

Ⅲ.必須科目

　仕事教育、一般教養、保健体育

出典：CBSE（http://49.50.70.100/web_material/Curriculum17/SrSecondary/Initial_pages_Vol.1.pdf、2017/10/4閲覧）

第 5 章　インドにおける国際バカロレアの展開　*127*

　なおインドでは各委員会が12学年終了時に実施する試験の合格が大学入学資格となり、上述の各委員会が試験実施主体となる。またその試験の大学入学資格としての認証は大学の約 7 割が加盟するインド大学協会 (Association of Indian Universities、以下AIU) が行っている (後述するようにIBディプロマ資格もAIUが認証している)。

　本節では、インドにおける教育制度と教育の現状を整理した。まずインドでは基本的に 5 － 3 － 2 － 2 制の構成であり、最初の 8 年が義務教育になっている。次に後期中等教育については就学率が2014-15年度で 5 割を超え、生徒数では2000万人以上が就学している。さらにインドの学校運営形態は、下位の学校段階では政府立と地方立の割合が高く私立の割合が低いが、学校段階が上がるにつれて政府立と地方立の割合が低くなり、代わって私立の割合が高くなるという特徴がある。カリキュラム・フレームワークについては、2000年のカリキュラム・フレームワークでは、人材像として基礎的な技能に加え、この時期はヒンドゥー・ナショナリズムを掲げるインド人民党の影響もあり愛国心などの習得が強調されている。一方で2017年10月現在も使用されている2005年のカリキュラム・フレームワークでは、2004年の政権交代の影響によってナショナリズムの強調が後退し、人材像としては基礎的な技能の習得というよりは自ら考える力を、また「民主主義」や「平等」、「世俗主義 (secularism)」など多様性を尊重することが強く謳われている。

第 2 節　インドにおけるIB導入の背景

　本節では、まずインドにおいてIBが普及することになった背景について、主に1990年代以降の本格的な市場化とその後の経済成長、またそれに伴う中間層の拡大という点から検討する。次に1990年代以降の教育政策について概観する。

(1) 経済成長と中間層の拡大

　独立後のインド経済は、「資本主義と社会主義のいずれとも異なる社会経済発展の途」として「混合経済」を採用した[9]。それは一部の私企業を認めつつも、基本は政府主導の計画経済を目指すものであった。5カ年計画を中心とした国家建設は、やがて工業分野や農業分野においてある程度の成功を収めたが、生産性や競争力はその非効率性や閉鎖性によって次第に停滞し始める[10]。そこで1980年代から一部において経済の自由化が進められたものの、1991年には深刻な経済危機に直面し、同年インド政府は、国際通貨基金と世界銀行の勧告に従い、借入金を受け取る代わりに市場開放などの自由化が要求される「構造調整改革」を推し進めることになった。

　1990年以降におけるインド全体の経済規模（GDP）、および一人当たりのGDPの変化は**表5-4**の通りである。1990年と2000年を比べると、GDPでおよそ1.5倍、一人当たりのGDPではおよそ1.2倍の変化があったが、2000年と2010年を比べると、GDPでおよそ3.6倍、一人当たりのGDPでおよそ3.1倍と、インドでは2000年から2010年の変化が非常に大きかったことがわかる。

　そして「はじめに」でも述べたように、1991年以降の経済自由化と、とりわけ2000年代以降の経済成長は、中間層の拡大に大きく貢献してきた。中間層の拡大は、彼らによる物的な消費の拡大だけでなく、子どもに対するより良い教育への需要を拡大させている。そうした需要の一つが、留学である。近年グローバル化や国際化の進展によって、各国において高等教育段階における留学生の送り出しや受け入れが急速に進んでおり、2013年には世界で

表5-4　インドにおけるGDPおよび一人当たりのGDP

	1990年	2000年	2010年	2013年	2016年
GDP（10億ドル）	317	462	1,657	1,857	2,264
一人当たりGDP（ドル）	376	457	1,417	1,499	1,709

出典：World Bank（http://data.worldbank.org/、2017年10月4日確認）

約410万人の留学生が存在している。インド人留学生の数についても、1999年から2007年までの間に約3倍増加したといわれており、2009年には15万3,300人にまで達している[11]。

　以上のように、インドでは特に2000年代以降の経済成長によって中間層が拡大し、それに伴うより良い教育への需要が生まれた。その結果、たとえば留学についても2000年代以降特にその数が大幅に拡大したが、後述するようにIBについても同様の背景から2000年代以降急増している。

(2) 教育政策

　1990年代以降、インドの教育政策の主な焦点はその量的な拡大であった。特にEFAに代表されるように、まずは初等教育の普及がその最大の課題であった。そうしたなかで2009年には連邦レベルで義務教育法が制定され、量的拡大とともに、質の改善についても目指されるようになってきている。例えば義務教育法では、私立学校が、近隣に住む社会的弱者層の子どものために、少なくとも定員の25％までの入学を認め、修了まで無償義務教育を提供することを謳っている。すなわち、そもそも学校に通えない、あるいは教育環境の整った学校に通うことができない社会的弱者層の子どもたちに、恵まれた教育環境にある私立学校に通うことのできる機会を提供する（授業料等は国が負担する）ことで、教育の質の底上げが目指されている[12]。

　次に教育のグローバル化や国際化についていえば、上述したカリキュラム・フレームワークをみると、2000年には「1.4.4グローバル化の影響への反応（Responding to the Impact of Globalisation）」という項目において、「グローバル化の現象はすっかり教育を変えるものではない。それゆえ教育は、伝統的かつ基礎的な目的である読み書き算や技能開発を見失ってはならない」としている。すなわち2000年の時点では、グローバル化によって教育が大きく変化しているわけでなく、また仮に変化していたとしてもそれに振り回されることなく、むしろあえて基礎的な技能の習得を重視することを謳っている。一方で2005年のカリキュラム・フレームワークでは、特にグローバル化へ

の反応については謳われていないが、先述したように自ら考える力といった新たな学力観を導入するなど、IBを含め世界的な潮流となっている学力観を積極的に採用している[13]。すなわち、インドにおいて教育もグローバルな影響を受け、少しずつではあるが変化しているとはいえる。

ただし、インドの英語教育については、インドは元々英国植民地であったこともあり、英語は準公用語に指定されている（また基本的に州によって言語が異なるため、英語はインド国内の共通語としての位置づけでもある）ため、あえてグローバル化や国際化への対応という文脈では考えられていない。またIBについては、2000年および2005年のカリキュラム・フレームワークや、5カ年計画といった政府の文章では触れられてはいない。

以上のように、インドの教育政策については、量的拡大に加え質の改善も目指されている。特に2005年以降は自ら考える力といった新たな学力観を導入するなど、グローバルな影響を受けつつ、積極的に質の改善に努めている。ただし初等・中等教育段階の政策においてIBは積極的に進められているわけではない。

第3節　インドにおけるIB導入の現状

続いて本節では、インドにおけるIBの現状について検討する。まずIBの量的な側面について、次に大学入学者選抜制度とIBディプロマとの関係について整理する。

(1) インドにおけるIBの量的変遷

インドで初めてIB学校が設置されたのは、コダイカナル・インターナショナル・スクールと呼ばれる学校であり、1976年のことである。IBOの調査によると、2017年10月時点でインドが位置するアジア・太平洋地域(Asia Pacific)では29カ国600校以上がIBプログラムを提供しているという。そのなかでインドのIB認定校は全体で140校、その数はアジア・太平洋地域に

おいてオーストラリア (179校) に次いで第2位となっており、インドより人口規模の大きい中国 (119校) よりその数は多い。したがってアジアに限ってみれば、インドはIB認定校が最多であることがわかる。インドのIB認定校140校のうち、73の学校が初等教育プログラム (以下PYP)、26の学校が中等教育プログラム (以下MYP)、116の学校がディプロマ・プログラム (以下DP) を提供している[14]。

一方でインドにおけるDPを提供するIB認定校の数という点については、1989年では2校、その約10年後の2000年でも7校のみだったが、2010年には60校、2017年には116校にまで急増しており、インドでは特に2000年代以降の増加が顕著である (図5－2)。こうした変化は、先述した2000年代以降の経済成長と並行していることがわかる。

2013年DPで認定試験を申し込んだのは世界中で約14万人、アジア・太平洋地域では約17,000人、インドでは約2,500人であった。またインドでは1990年代前半からのおよそ20年間で約15,000人がDPに参加し、DPに参加する生徒の数は2000年代後半からの5年間は毎年15％以上増加しているといわれる。図5－3は、インドのDPの認定試験における受験者数の変遷を表したものである。これをみると、「インド所在の学校に在籍する生徒」

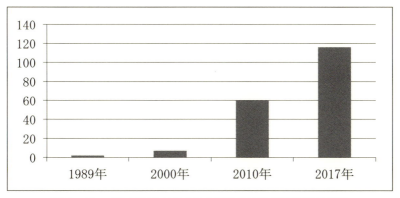

図5－2　インドにおけるDPを提供するIB認定校数の推移
出典：Marc Abrioux & Jill Rutherford (eds.) Introducing the IB Diploma Programme, Cambridge: Cambridge University Press, 2013, p.36. IBOホームページ、インド (http://ibo.org/en/country/IN) を参考に筆者作成

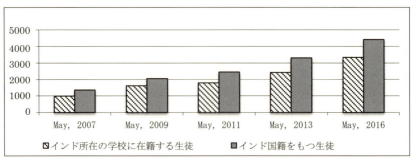

図5−3 インドのDPの認定試験における受験者数の変遷（人）
出典：International Baccalaureate Organization, Diploma Programme Statistical bulletin, 2007, 2009, 2011, 2013, 2016の各資料より筆者作成。

および「インド国籍をもつ生徒」のどちらも2007年から2016年の約10年で3倍以上増加している[15]。またインドについては、「インド所在の学校に在籍する生徒」よりも「インド国籍をもつ生徒」の方が多いことがわかる。

最後に、インドのIB認定校の授業料について述べると、インドのIB認定校は私立無補助学校であるが、その授業料は一般の私立学校と比べても高いとされている。British Councilの調査によると、一般の私立無補助学校の授業料は、IBのDPに当たる後期中等学校段階で年間平均86,000ルピー（1ルピーは日本円で約2円）だったと報告されている[16]。一方でIB認定校のDPの授業料は最低でも年間15万ルピーといわれ、一般の私立無補助学校の約2倍になる。またIB認定校は主としてデリーやムンバイなど大都市に多いが、大都市に所在するIB認定校では、年間60万ルピーのところもあり、かなりの高所得者でない限りIB認定校に通うことは難しいといわれている[17]。

(2) インドの高大接続におけるIBの位置づけ

続いてインドにおける大学入学者選抜制度とIBディプロマの関係について検討する。

その前にインドの大学入学者選抜制度について概要を述べると、インドの大学入学者を決定する方法は大きく分けて二つある[18]。一つは連邦レベルや

第5章　インドにおける国際バカロレアの展開　*133*

州レベルの委員会 (Board) が実施する第12学年終了時の中等教育修了試験の結果 (点数) が直接大学入学資格になるものである。このタイプは、インドでいわゆる一般的なコースといわれるArt、Commerce、Scienceを専攻する生徒が対象となり、全体の約7割に相当する。もう一つは、中等教育修了試験の結果に加えて、工学、医学などの各専門コース別の試験が課されるタイプのものである。たとえば全国レベルの工学系大学の入学試験であるJoint Entrance Examination (以下 JEE) では、国立工科大学 (National Institute of Technology) や一部州レベルの工科大学の入学に必要なJEE (Main) と、インド最高峰の大学であるインド工科大学 (Indian Institute of Technology、以下IIT) の入学に必要なJEE (Advanced) の試験が行われ、JEE (Main) についてはおよそ130万人が受験する非常に大規模なものである[19]。

　インドにおける大学入学者選抜制度とIBディプロマの関係については、インドでは1983年にインド大学協会 (AIU) がIBを認証し、IBディプロマ資格は、インドにおける全ての大学への入学資格 (entry qualification) として認証されてきた。具体的には、IBディプロマにおける1〜7点までの点数が、後期中等教育段階の第12学年に課される先の「中等教育修了試験」における0〜100点までの点数に対応する形となっている (表5−5)。なおインドの中等教育修了試験での大学入学には一般的に最低でも30％以上 (30点以上) 獲得することが求められるが、IBディプロマの最低合格点が4点であることから、もし全科目が4点だった場合はインドの換算で全科目58-69点と同等とみなされることになる。

　さらにIBディプロマを取得したインド人生徒の各進学先の国についてみると、インドが36％、アメリカ合衆国が21％、イギリスが20％、カナダが9％、シンガポールが7％、オーストラリアが2％、その他が3％となっており、全体の約65％はインド国外であるが、それでも全体の約3分の1はインド国内に進学している。

　以上のように、インドではAIUが1983年という早い時期からIBディプロマを大学入学資格として認証し、またIBの点数とそれに相当する中等教

表5－5　IBの点数とそれに相当する中等教育修了試験の点数

国際バカロレア点数	インドで同等な点数
7	96-100
6	83-95
5	70-82
4	56-69
3	41-55
2	21-40
1	1 -20

出典：IBO, The International Baccalaureate: Guide to university recognition in India January 2017 http://www.
ibo.org/contentassets/d883e8b8f46446079f14679a9a6971c3/india-recognition-guide-jan-2017.pdf、
2017/10/4閲覧) をもとに筆者作成

育修了試験の点数の適合を整備するなど、積極的にIBを大学入学資格とし
て受け入れてきた。ただし一方で、インドにおける大学入学者選抜制度と
IBディプロマの間には、いくつか問題が指摘されている。たとえば、ギャッ
プ・イヤー（Gap year）と呼ばれる高校卒業から大学入学までの1年間の空白
である。IBの試験は通常5月に行われるが、同じ頃、特にインドの工学系
や医学系の大学の入学試験も行われる。工学系や医学系ではIBの成績は入
学資格ではなく受験資格にしかならず、改めて入学試験を受けなければなら
ないため、このことによって生徒たちは入学試験の準備ができず、その結果
一年浪人した後に入学試験を受けることになる。またIBディプロマの点数
のみで進学する場合でも問題が指摘されている。インドの各大学（カレッジ）
は入学に必要な足切り点（Cut-off）を発表するのだが、IBの試験結果の発表
時期（7月上旬）が足切り点発表の後に訪れることもあるため、大学によって
はIB試験を受けた生徒の予想点を事前に申請することによって仮入学
（provisional admission）を認めるところもあるものの、それを認めないところ
もあるため、その結果IB試験の点数の申請ができない事態が発生している
といわれる（すなわち事前の仮入学が認められないため、希望校を諦め別のところ
に申請するか、一年浪人しなければならなくなる）。さらに、デリー大学の足切

り点は近年95％を超えることが多く、IBの点数ですべてが満点でないと入学できないなどの高いハードルもある[20]。

　本節では、インドにおけるIBの現状について概説した。インドのIBについて量的な側面では、2000年代以降その量的拡大が進んでいることがわかった。インドにおける大学入学者選抜制度とIBディプロマとの関係については、AIUが1983年という早い時期からIBディプロマを大学入学資格として認証し、またIBの点数とそれに相当する中等教育修了試験の点数の適合を整備するなど、積極的にIBを大学入学資格として受け入れてきた。しかし一方で、インドにおける大学入学者選抜制度とIBディプロマの間には、ギャップ・イヤーなど高大接続の問題も依然課題としてあげられる。

第4節　インドにおけるIB認定校の事例

　最後に本節ではインドにおけるIB認定校の事例として、「コダイカナル・インターナショナル・スクール」と「ヴィクトリアス・キズズ・エデュケアーズ」の2校についてその概要をみることにする。なお2校の選定理由としては、「コダイカナル・インターナショナル・スクール」は1976年インドで初めてのIB認定校であること、また「ヴィクトリアス・キズズ・エデュケアーズ」はIndia Today誌やNews Week誌などの大手雑誌のIB学校のランキングでインドIB学校の上位校としてしばしば紹介されていることから、2校ともにインドを代表するIB学校と考えられるからである。

　なお、「コダイカナル・インターナショナル・スクール」は、「インターナショナル・スクール」という名称であるが、インドでは、主として外国人児童生徒を対象とした「私立無補助」学校という意味ぐらいのものであり、「コダイカナル・インターナショナル・スクール」と「ヴィクトリアス・キズズ・エデュケアーズ」はどちらもIBを提供する「私立無補助」学校という意味では同じである。

(1) コダイカナル・インターナショナル・スクール (Kodaikanal International School)

　コダイカナル・インターナショナル・スクール (以下KIS) は、インド南部タミル・ナードゥ州 (Tamil Nadu) のコダイカナルにあり、当初は南インドのアメリカ人宣教師の子どもたちのための学校として1901年に設立された。また先述したように、1976年インドで初めてのIB学校でもある。現在KISはPYP、MYP、DPのすべての課程を提供している。

　一方で、この学校では元はアメリカ人向けのインターナショナル・スクールという性格もあるため、IBプログラムだけでなく、アメリカの教育プログラムも提供しており (アメリカのMiddle States Association of Colleges & Schoolsの認証を受けている)、IBかアメリカのプログラムのどちらかを選択することができるようになっている。現在、全学年を通して約600人の生徒が学ぶ。なおKISのDPの授業料についてみると、KISではインターナショナル・スクールということもあって、年間989,000ルピー (寮生の場合1,185,000ルピー) と、先述した高額といわれる60万ルピーをはるかに超える金額となっている[21]。

表5－6　KISのDPにおけるIB科目

グループ	科目	コース
1	言語と文学	英語A：文学 (SL/HL)、言語と文学 (SL/HL) 韓国語A：言語と文学 (SL/HL)
2	第二言語	英語B (SL)、ヒンディー語 (SL/HL)、スペイン語B (SL/HL) スペイン語Ab (SL)、ドイツ語B (SL/HL)、韓国語B (SL/HL) フランス語B (SL/HL)、タミル語B (SL)
3	個人と社会	ビジネス・マネジメント (SL/HL)、経済学 (SL/HL) 歴史 (SL/HL)、心理学 (SL/HL)、世界地域 (SL/HL)
4	理科	生物 (SL/HL)、化学 (SL/HL)、物理 (SL/HL)、 環境システムと社会 (SL)、コンピューター科学 (SL/HL)
5	数学	数学 (SL/HL)、数学スタディーズ (SL)
6	芸術	視覚芸術 (SL/HL)、フィルム (SL/HL)、音楽 (SL/HL)

出典：KISホームページより筆者作成
(http://www.kis.in/learning/ib-diploma-certificate/、2017/10/4閲覧)

第5章 インドにおける国際バカロレアの展開 *137*

　KISが掲げる使命(Mission)は、多文化尊重などIBの理念ともちろん通じる一方で、もともと宣教師の子どもたちのための学校として設立されたため、プログラムがキリストの生き方や教えに基づいていることに特徴がある(The School's academic program is intentionally set within a community life based on the life and teaching of Jesus Christ)[22]。

　KISのDPにおけるIB科目は**表5-6**の通りである。グループ2の「第二言語」をみると、KISが様々な国の子どもたちを受け入れるインターナショナル・スクールという性格上、スペイン語、ドイツ語、韓国語、フランス語など外国語が豊富であることに加え、VKEがタミル・ナードゥ州にあることからタミル語もあることがわかる。

　以上のようにKISでは、元々宣教師の子弟を受け入れる学校であったことから、その理念はキリスト教の教えに基づいている。またインターナショナル・スクールという性格上、言語科目が豊富であるという特徴がある。

(2) ヴィクトリアス・キズズ・エデュケアーズ (Victorious Kidss Educares)

　ヴィクトリアス・キズズ・エデュケアーズ(以下VKE)は、ロビン・ゴッシュ氏(Robbin Ghosh)が1997年に設立した学校であり、インド西部マハーラーシュトラ州(Maharashtra)のプネー(Pune、州都ムンバイに次いで二番目に大きな都市)に位置する。VKEはPYPやMYP、また2011年からはDPの課程も提供している。VKEはIndia Today誌やNews Week誌などの大手雑誌のIB学校のランキングでインドIB学校の上位校としてしばしば紹介されている。たとえば2014-15年度のIBディプロマ取得者の進学先として、多くは地元プネーの有名校だが(プネー大学に附属するNess Wadia Collegeなど)、なかにはマサチューセッツ工科大学など世界的に有名な大学に進学している生徒もいる。一方で、前節でインドの「ギャップ・イヤー」の話をしたが、VKEにもインド工科大学(IIT)入学のために一年かけてJEEの準備をする生徒もいるとしている[23]。

　VKEの特徴の一つは「生れた時点で教育は始まる」というコンセプトのも

と、生後6週間から3歳まで、IBプログラムではないが就学前教育プログラム (Pre-Primary Programme) も提供していることがある。また将来的には大学の設置も計画しており、就学前から大学までのすべての段階の教育の提供に力を入れようとしている。VKEのもう一つの大きな特徴としては、VKEの掲げる使命においてヒンドゥー教的な価値観を尊重していることがあげられる[24]。IBとVKEが掲げる使命を比較すると、VKEもIB校であるため、たとえば多様性の尊重など共通点が重なるのは当然であるが、その一方で西洋的な科学の進歩や、古今東西さまざまな思想家や哲学者の考えを取り入れつつも、基本的にはヒンドゥー教のベーダ (Vedanta) の精神的な遺産の学習を推し進めることに力を入れている。

　VKEのDPで提供される科目 (**表5−7**) と、KISのDPで提供される科目数と比べると、特に言語に関してVKEの科目数はKISに比べて少ない。こうしたことは、VKEがインド人子弟をメインとしているため、言語が少ないものと考えられる。

　以上のようにVKEは、KISとは異なりインド人を主な対象とした学校であり、またヒンドゥー教的な価値観を尊重しているところに特徴がある。

表5−7　VKEのDPにおけるIB科目

グループ	科目	コース
1	言語と文学	英語、ヒンディー語
2	言語習得	ヒンディー語、フランス語 (初級)、フランス語B (SL)、スペイン語 (オンライン)
3	個人と社会	経済学、ビジネスと経営、歴史、心理学、環境システムと社会 (SL)、ITGS (オンライン)
4	実験科学	物理、化学、生物、デザイン工学、コンピューター科学、環境システムと社会 (SL)、スポーツ演習と健康科学 (SL)
5	数学	数学
6	芸術	視覚芸術、演劇

出典：VKEホームページより筆者作成
(http://www.victoriouskidseducares.org/academic-programmes/diploma-years-programme-dyp/、2017/10/4閲覧)
※初級 (Ab Intio)

(3) 考察

　最後に、KISとVKEの使命や科目を比較することを通じて、その特徴や課題についても検討してみる。

　まずKISおよびVKEの使命としては、どちらも多文化尊重などIBの理念と通じるものが掲げられていた。一方で、KISはキリストの生き方や教えを、またVKEはヒンドゥー教のベーダを学ぶことを掲げている。このようにIB認定校であるため当然IBの理念が重視されているものの、それに加えて各校の設立経緯によって、この2校に限っていえば多様な宗教的な理念に基づいた教育活動が展開されていることがうかがわれる。

　次にKISおよびVKEが提供している科目を比べると、KISは第二言語をはじめ多くの科目を提供していることから、多様な国々の生徒を抱える学校としての特徴や教職員の充実ぶりが確認できる。一方でVKEは言語をはじめ提供されている科目が限られていることから、現地のインド人子弟を対象とした学校であることが見て取れる。ただし上述したように、VKEは大手雑誌のIB認定校のランキングでインドIB認定校の上位校としてしばしば紹介されていることからも、提供されている科目が限定的だからといって、その教育内容がKISと比べて不十分であるということではないことは注意すべきである。

　こうして、少なくともKISとVKEの2校を比較してみると、インドのIB認定校では多様で充実した教育活動が展開され、優秀な卒業生を輩出していることがうかがわれる。しかしその一方で、そうした教育活動が行えるあるいは受けられる背景には、KISでも確認できたように、非常に高額な授業料の存在があることを無視することはできない。2000年代以降の経済成長によって中間層が増加したとはいえ、年間100万円以上の授業料を支払える人々はやはりインドでは限られていることには変わりない。初等教育も満足に受けられない子どもたちが依然多くいるなか、こうした教育格差が厳然とあることは忘れてはならないだろう。またKISおよびVKEでは確認できなかったが、インドにおけるIB一般にいわれることとして、IBが自ら考える

自律的な学習を重視するのに対して、インドでもカリキュラム・フレームワークで同様の方針が打ち出されてはいるものの、依然暗記中心の学習であり、たとえばインドの学校からIB認定校へ移籍した場合、その学習スタイルの違いがしばしば大きな障壁になっていることが課題として指摘されている[25]。インドの教育全体が実際にIBのように自ら考える力を身に着けさせるような教育に変わっていくかどうかは、今後も注目されることであるといえる。

　以上のように、少なくともKISとVKEの2校を比較してみると、インドのIB認定校では多様で充実した教育活動が展開され、優秀な卒業生を輩出していることがうかがわれた。一方で授業料や学力観など、インド一般の教育との差が依然大きいことが確認できる。

おわりに

　インドにおけるIB導入の背景、現状、事例をまとめると以下の3点のように整理できる。

　まずインドにおけるIB導入の背景という点では、インドでは特に2000年代以降の経済成長に伴い中間層が拡大し、それに伴うより良い教育の需要が生まれた。その結果、たとえば留学についても2000年代以降特にその数が大幅に拡大した。一方で1990年代以降のインドの教育政策については、量的拡大に加え質の改善も目指されてはいるものの、IBを含め特に初等・中等教育の段階においては、教育の国際化が積極的に進められているわけではない。

　次にインドにおけるIB導入の現状については、インドのIBについて量的な側面では、2000年代以降の経済成長に伴う中間層の拡大という背景のもとでその拡大が進んでいることがわかった。一方でインドにおける大学入学者選抜制度とIBディプロマとの関係については、AIUが1983年という早い時期からIBディプロマを大学入学資格として認証し、またIBの点数とそれ

に相当する中等教育修了試験の点数の適合を整備するなど、積極的にIBを大学入学資格として受け入れてきた一方で、インドにおける大学入学者選抜制度とIBディプロマの間には、ギャップ・イヤーなど高大接続の問題も依然課題としてあげられた。

最後にIB認定校の事例という点では、KISでは、元々宣教師の子弟を受け入れる学校であったことから、その理念はキリスト教の教えに基づいており、また主に外国人生徒を対象としているという性格上、言語科目が豊富であるという特徴がある。VKEは、KISとは異なりインド人を主な対象とした学校であり、またヒンドゥー教的な価値観を尊重しているところに特徴があった。こうして少なくともKISとVKEの2校を比較してみると、インドのIB認定校では多様で充実した教育活動が展開され、優秀な卒業生を輩出していることがうかがわれた。一方で授業料や学力観など、インド一般の教育との差が依然大きいことが確認できた。

以上のことから、インドの公教育制度においてIBは、2005年以降政府も新たに自ら考える学習などを推進しつつも、留学も視野に入れながらなおかつ既存の教育などでは満足できない中間層の新たな教育の受け皿として位置づけられると考えられる。

注
1 「インド基礎データ」外務省ホームページ
http://www.mofa.go.jp/mofaj/area/india/data.html#section1、2016/9/25閲覧
2 二階堂有子、佐藤隆広「人口ボーナスが育む成長力　中間層拡大で巨大消費市場へ」『週刊エコノミスト』2015年10月27日号、18-21頁。
3 牛尾直行「インドにおける「無償義務教育に関する子どもの権利法(RTE2009)」と社会的弱者層の教育機会」『広島大学現代インド研究—空間と社会』Vol.2、2012年、63-74頁。
4 以下「総就学率」「学校数」「生徒数」また「運営形態」については、
Ministry of Human and Resource Development, *EDUCATIONAL STATISTICS AT A GLANCE, New Delhi: MHRD*, 2016.
http://mhrd.gov.in/sites/upload_files/mhrd/files/statistics/ESG2016_0.pdf、2017/10/4閲覧

5　辛島昇ほか監修『［新版］南アジアを知る事典』平凡社、2012年、639頁。

6　NCERT, National Curriculum Framework for School Education 2000

7　押川文子「インドの教育制度－国民国家の教育制度とその変容－」押川文子・南出和余編著『「学校化」に向かう南アジア－教育と社会変容－』昭和堂、2016年、3-67頁。

8　NCERT, National Curriculum Framework 2005

9　賀来弓月『インド現代史―独立50年を検証する』中央公論社、1998年、100頁。

10　山崎恭平『インド経済入門』日本評論社、1997年、29-53頁。

11　小原優貴「インド－知的資本の拡大と還流を目指す「知的資本大国」構想」北村友人・　杉村美紀共編『激動するアジアの大学改革－グローバル人材を育成するために』上智大学出版、2012年、199-200頁。

12　渡辺雅幸「インドにおける公と私による教育機会の提供をめぐる論争：2009年「無償義務教育に関する子どもの権利法」に着目して」『世界の教育事情』未来教育研究所、2015 年、http://www.mirai-kyoiku.or.jp/info/worldeducation012/、2016/9/25閲覧

13　押川文子、前掲書、36頁。

14　IBに関わる数字については、IBホームページを参照。
http://www.ibo.org、2017/10/4閲覧

15　2009年「インド所在の学校に在籍する生徒」は1,618人、「インド国籍をもつ生徒」は2,054人、2015年「インド所在の学校に在籍する生徒」は3,021人、「インド国籍をもつ生徒」は4,109人。

16　British Council, *Indian School Education System: An Overview*, 2014.
https://www.britishcouncil.in/sites/default/files/indian_school_education_system_-_an_overview_1.pdf、2016/9/25閲覧

17　"International Baccalaureate: Education for the rich", The Times of India
http://timesofindia.indiatimes.com/city/jaipur/International-Baccalaureate-Education-for-the-rich/articleshow/7407534.cms、2016/9/25閲覧

18　以下インドの大学入学者選抜制度については、南部広孝・渡辺雅幸「インドと中国における大学入学者選抜制度―現状と改革動向の比較的分析―」『京都大学大学院教育学研究科紀要』第58号、2012年、19-43頁。
渡辺雅幸「インドの工学系大学における入学者選抜制度の展開―2010年代以降の全国統一型試験の動向に着目して―」『京都大学大学院教育学研究科紀要』第63号、2017年、557-580頁。

19　"50,000 fewer JEE (Main) aspirants this year", *The Times of India*
http://timesofindia.indiatimes.com/home/education/entrance-exams/50000-fewer-JEE-Main-aspirants-this-year/articleshow/45786741.cms、2016/9/25閲覧

20　"IB decoded", *The Hindu*

http://www.thehindu.com/features/education/college-and-university/ib-decoded/article7164767.ece、2016/9/25閲覧

"DU: International Baccalaureate（IB）students face admission blues", *India Today* http://indiatoday.intoday.in/story/du-admissions-ib-students-face-admission-blues/1/141169.html、2016/9/25閲覧

21　KIS授業料

http://www.kis.in/admissions-doc/kis-fee-schedule-11-12-local-new.pdf、2015/12/31閲覧

22　KISの掲げる使命 http://www.kis.in/our-school/introduction-to-kis/、2016/7/24閲覧

23　VKE生徒の進学先

http://www.victoriouskidsseducares.org/latest-news.html、2015/12/28閲覧

24　VKEの掲げる使命

http://www.victoriouskidsseducares.org/about/vision-mission/、2017/10/4閲覧

25　"IB Issues" *The Times of India*

http://epaper.timesofindia.com/Repository/ml.asp?Ref=VE9JTS8yMDA5LzExLzE2I0FyMDMzMDA=&、2016/9/25閲覧

第6章　カタールにおける国際バカロレアの展開

中島悠介

はじめに

　カタール国（以下カタール）はペルシア湾カタール半島を占める、人口約210万人（2016年）のアラブ・イスラーム国家である。周囲はサウジアラビアやイラン、オマーンなどの大国に囲まれており、11,427平方キロメートルという秋田県よりもやや狭い面積に相当する領土しかもたない小国である（図6−1）。一方で、1940年代に発見された原油と天然ガスの生産が国内総生産の60％、国家輸出額の85％を占めており、そのオイルマネーによる一人当たりの国内総生産は湾岸諸国でも最高水準を維持している[1]。1971年の独立以降、いかにして資源依存型経済から脱却するかを模索し、知識基盤型産業を中心とした産業構造の多角化への転換を進めてきた。こうした湾岸諸国に共通した課題をもっている一方で、国家の全人口のうち外国人が85％ほどを占める「国民マイノリティ国家」としての特徴をもっている[2]。これらの外国人（Expatriate）は主に外国人労働者としてカタールに滞在し、砂漠地帯で人口が希薄だったカタールの発展に大きく貢献してきた。そのため公用語はアラビア語であるが、英語も広く使用されており、グローバル化が進展した社会の一つの形態として捉えることができる。

　こうした状況を示すカタールでは、国民の人材育成の手段として教育部門にも多額の投資がなされてきた。カタールでは原油の輸出から得られる収入を国民に分配し、教育部門ではカタール国民の小学校から大学までの授業料や入学金、教科書等が無償とされている。伝統的にはアラビア語やクルアー

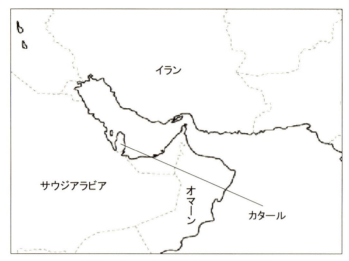
図6-1　カタールと周辺諸国の位置

ンを中心としたイスラーム学習に力点が置かれていたが、知識基盤型経済の発展を目指し、欧米諸国を参考にした教育制度やカリキュラムの導入が進められている。

　本稿では、このような社会特徴をもつカタールにおいて、国際バカロレア（International Baccalaureate、以下、IBとする）がカタールの教育制度の中でどのように位置づけられ、IB認定校においてどのような取り組みがなされているのかを明らかにすることを目的とする。カタールはその人口構成から国際化が大きく進んだ一つの社会形態として捉えることができるが、そのような社会におけるIB認定校の位置づけや取り組みを考察することは、教育部門の国際化が国内の制度にどのように反映されているのかを検討する上でも、意義があると考えられる。カタールの教育制度に関する体系的な研究は多くはないが、カタールの教育改革に大きく関わっていた米国のシンクタンクであるランド研究所が数点の報告書を公表している。一方で、IBについてはこれらの報告書の中でも概要として取り上げられているのみであり、カタールにおけるIBを主題とした研究はこれまで行われてこなかった。

第6章　カタールにおける国際バカロレアの展開　*147*

　以上の目的を果たすために、第1節でカタールにおける近年の教育制度改革の動向を確認し、第2節でIB認定校の展開状況と国内の高等教育機関への接続を概観する。そして、第3節で具体的なIB認定校の事例を取り上げ、それらの学校においてどのような取り組みがなされているのかを明らかにすることを通し、カタールの教育制度におけるIBの位置づけを考察する。なお、本稿で対象とするIBプログラムは、後期中等教育段階に当たるDiploma Program（DP）とその卒業資格であるIBディプロマを対象とする。

第1節　カタールの教育制度

---

(1) カタールにおける後期中等教育制度の概要

　カタールの教育制度は6－3－3－4制であり、初等教育（Primary、1～6学年）、予備教育（Preparatory、前期中等教育に相当、7～9学年）、中等教育（Secondary、後期中等教育に相当、10～12学年）から構成されている（**図6－2**）。12歳以上は男女共学が認められておらず、教師の性別についても男子生徒は男性、女子生徒は女性の教師がそれぞれ教えることが原則となっている[3]。また、人口のマジョリティを占める外国人の子どもも、カタールの公用語であるアラビア語の学習が義務づけられている。2001年に公布された義務教育法が2009年に改訂され、初等教育から前期中等教育までであった義務教育と教育の無償措置が、後期中等教育終了まで拡張された[4]。2009年の中等教育純就学率は79%（男67%、女98%）であった。後期中等教育については、2005年度には学校数が59校、生徒数が26,500人であったのに対し、2009年度には学校数が110校、生徒数は32,265人（うち女子生徒は48%）と拡大を示している[5]。

　後期中等教育の学校の運営形態については、「インディペンデント・スクール」「民間アラブ学校」「インターナショナル・スクール」「大使館関連コミュニティ学校」の4種類に分類され、いずれも政府部門により管轄されている。インディペンデント・スクールは後述の「新時代の教育（Education for New

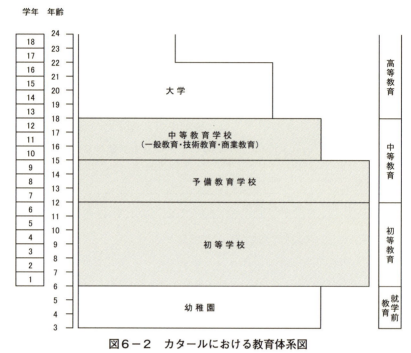

図6-2 カタールにおける教育体系図
出典：International Bureou of Education, *World Data on Education Qatar 2010/2011*. 2012 より筆者作成

Era)」という教育改革の流れから設置された、学校独自の教育目的を実行する自律性を認められた学校である（後述）。民間アラブ学校は、民間資本のもとでアラブに特化したカリキュラムを提供する学校である。この学校は伝統的なカタールのカリキュラムで学びたいカタール人や近隣のアラブ諸国の子ども向けに運営されている。インターナショナル・スクールは外国のカリキュラムに従っているが、大使館関連コミュニティ学校とは異なり、大使館管轄の下にはない学校であり、カタール人と外国人の両方の子どもが就学している場合もある。大使館関連コミュニティ学校はカタールにおける外国人（インド、パキスタン、英国など）の子ども向けに運営されているものである[6]。最高評議会ウェブサイトによれば、2013年度の後期中等教育におけるそれぞれの学校の数はインディペンデント・スクールが54校、民間アラブ学校

は5校、インターナショナル・スクールが38校、大使館関連コミュニティ学校は16校となっており、インディペンデント・スクールとともにインターナショナル・スクールが大きな割合を占めているのが特徴である[7]。大使館関連コミュニティ学校以外の学校は、後述の最高教育評議会評価機構に対して年次報告書を提出し、評価を受けなければならない。

(2) Education for New Eraによる教育改革

2000年代以前に教育省が主導していた教育システムに対しては、いくつか問題が指摘されていた。それらは、①教育省の組織構造が硬直化していたため、変革や改革といった志向が小さく、旧態依然のカリキュラムが用いられていたこと、②教育省の組織構造が不透明であったため、教師や利害関係者にとって意思決定のプロセスがみえず、また教育省からも改善する努力がなされなかったこと、③教育省が校長や教師を任用し、建造物や設備、教科書などを提供していたため、学校経営において、学校の自律性や柔軟性が非

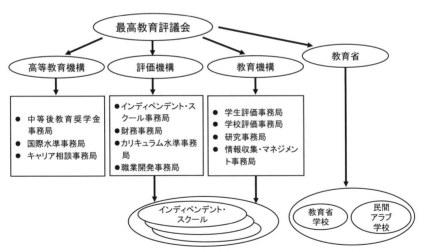

図6-3　カタールにおける教育行政組織の仕組み（2006年）

出典：Gonzalez, G. et al. *Developing and Implementing the Qatar Student Assessment System, 2002-2006*. RAND Corporation; Santa Monica, 2009, p.4.

常に少なかったこと、④以上の状況から、教師は教育省により設定されてい
た教育カリキュラムに沿って授業を行なっていたが、教師は生徒の成長やパ
フォーマンスに関する説明責任をもたなかったこと、があげられる。2000
年代に入り、当時のカタール首長であるハマド首長 (His Highness Sheikh
Hamad Bin Khalifa Al Thani) はこのような状況を改善するため、米国のランド
研究所にK-12教育 (第12学年まで) の改革のためのコンサルティングを依頼
した。ここに端を発し、「新時代の教育 (Education for New Era)」と呼ばれる
一連の教育改革が開始された[8]。この教育改革は世界水準の教育制度を展開
するために必要な質を保障することを目的に、2002年より開始されており、
4つの原理 (自律性、アカウンタビリティ、多様性、選択制) が改革の基盤とされ
ている。そしてこの改革における最も重要な変化は最高教育評議会 (Supreme
Education Council) の設置による教育行政組織の改編と、インディペンデント・
スクールの設置である[9]。

　まず前者について、教育省を残しつつも新たな意思決定機関として最高教
育評議会が設置され、高等教育機構 (Higher Education Institute)、教育機構
(Education Institute)、評価機構 (Evaluation Institute) が新たに設置されるとと
もに、教育省が最高教育評議会の監督のもとに置かれ、将来的に縮小・廃止
されることとなった (図6-3)。本改革の結果、インディペンデント・スクー
ルは教育機構が設定するスタンダードを満たすカリキュラムを提供し、評価
機構により定期的に評価を受けることとされた。また、公立学校は当面教育
省の管轄下のままとされた一方、評価機構による評価を受けなければならな
くなった。これらの評価は「学校報告カード」として最高教育評議会のウェ
ブサイト上で公表され、学校に関する情報の公開がより促進されることと
なった[10]。

　後者のインディペンデント・スクールについては、米国のチャータースクー
ルを参考にして導入された。インディペンデント・スクールは前述の通り、
これまでは中央集権的・画一的・硬直的であった学校教育を多様化し、学校
の独自性と自律性を向上させるために導入されたものであり、教育機構から

第6章　カタールにおける国際バカロレアの展開　*151*

認可を受けることができれば、たとえばカタール石油（Qatar Petroleum）といった民間企業でも学校を設立することが可能となった。この改革以前に設置されていたすべての公立学校はインディペンデント・スクールに段階的に移行することになっている[11]。生徒の授業料はカタール政府が負担することとなり、そのため授業料はカタール人生徒には無償であるが、この無償措置は他の国籍の生徒にも認められる場合がある。

　最後にこれらの教育改革に伴う教育プログラムの変化に触れておきたい。上記の通り、最高教育評議会が設置され、公立学校がインディペンデント・スクールに移行することで、もともとは教育省が強固に設定していたカリキュラムから、より自由化された教育プログラムが志向されることとなった。すべてのインディペンデント・スクールはアラビア語、英語、数学、科学、イスラーム学習の科目を提供することが求められ、それぞれの科目におけるスタンダードと、どのような能力を獲得すべきかが学年段階に応じて設定された。一方、教育内容や教育方法は政府部門により具体的に設定されているわけではなく、学校の自律性に任されることとなった。

　このように教育改革が進められる中、育成すべき人材像にも触れられることとなった。2000年に制定された『義務教育法』では目指される人材像や教育内容については記述されておらず、近年に出された発展計画でも具体的に触れられているわけではないが、国家発展戦略の方向性からその一端を垣間みることができる。『国家ビジョン2030』においては「国民に自身の希望を達成させ、カタールの需要を満たすようにする」ために、「子どもや青年に社会に貢献する技能と動機を身につけさせる」と述べている[12]。また『国家発展戦略2011-2016』においては「国民に知的可能性を気づかせ、彼らの能力を開発し、彼らの希望や動機に従って教育機会を提供する」「教育制度は、カタール人に対してよりよい社会のために彼らの技術や知識を使うように喚起する。その制度は分析的・批判的思考、創造性、革新性を促進する」とされ、社会的な目標に対して国民の総合的な能力や技術を涵養することが述べられている一方で、「教育制度は、社会的結合を促進し、カタールの価値と遺産

を尊重し、他国との建設的な相互作用を喚起する」として、カタールの社会的価値観を保持しつつ国際化を促進することにも触れられている[13]。このように国民の人材育成において個人の技能・能力獲得を促進するとともに、社会文化的な価値観の保持と国際意識の涵養が同時に述べられているといえる。

第2節　カタールにおけるIBの現状

(1) カタールにおけるIB認定校の展開状況

本項ではカタールにおけるIB認定校の展開について概観する。国際バカロレア機構によれば、カタールにおいてDPを提供している後期中等教育機関は**表6-1**の14校である[14]。学校種別にみれば、うち2校がインディペ

表6-1　カタールにおけるIB認定校（DP）一覧

学校名	性別	類型	IB認定年	公・私
ACS Doha International School	共学	インターナショナル	2013	私立
Al-Bayan Educational Complex for Girls	女子校	インディペンデント	2007	私立
Al-Wakra Independent Secondary School for Boys	男子校	インディペンデント	2007	公立
Compass International School	共学	インターナショナル	2014	私立
Deutsche Internationale Schule Doha	共学	インターナショナル	2016	私立
Doha British School	共学	インターナショナル	2010	私立
International School of London Qatar	共学	インターナショナル	2011	私立
Qatar Academy	共学	インターナショナル	2002	私立
Qatar Academy Al-Khor	共学	インターナショナル	2014	私立
Qatar Academy Sidra	共学	インターナショナル	2016	私立
Qatar Leadership Academy	男子校	インターナショナル	2007	私立
The American School of Doha	共学	インターナショナル	2009	私立
SEK International School - Qatar	共学	インターナショナル	2016	私立
The Gulf English School	共学	インターナショナル	2005	私立

出典：International Baccalaureate, http://www.ibo.org/programmes/find-an-ib-school/?SearchFields.Country=QA&SearchFields. ProgrammeDP=true（2016年8月17日最終アクセス）

第6章　カタールにおける国際バカロレアの展開　153

ンデント・スクールであり、12校がインターナショナル・スクールとなっている。これらの14校の学校のうち、12校はカタールの首都であるドーハに設置されている。認定された時期をみてみれば、いずれの学校も2000年以降にIB認定校となっている。カタールでは後期中等教育は基本的に別学であるため、インディペンデント・スクールにおいてはIB認定校であっても男女別学となっているが、インターナショナル・スクールに関してはその制限がなく、男女共学の学校がほとんどを占めている。唯一インターナショナル・スクールにあたる学校で男子校であるカタールリーダーシップアカデミー（Qatar Leadership Academy）は、カタール国軍とカタール基金のパートナーシップのもとで設立されたIB認定校であり、カタールの将来の軍人を育成するという士官学校としての性格ももっている。インディペンデント・スクールであるIB認定校は2校設置されているが、このうちアル＝バヤン女子教育複合学校（Al-Bayan Educational Complex for Girls）は2004年にインディペンデント・スクールに移行した学校（これらの学校は「第一期（First Generation）」と呼ばれている）に含まれている。複合学校（Complex）は他の公立学校とは異な

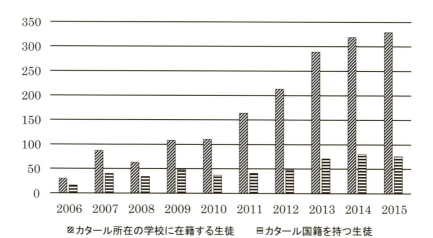

図6-4　DPの試験における受験者数の変遷

出典：International Baccalaureate Organization. *Diploma Programme Statistical Bulletin*. 2006, 2007, 2008, 2009, 2010, 2011, 2012, 2013, 2014, 2015の各資料より筆者作成。ただし、それぞれの数字はフル・ディプロマと科目別成績証明書とを合わせたものである。

り、もともと学校に一定の自律性が認められていたため、インディペンデント・スクールへの移行にはあまり乗り気ではなかったものの、最終的には移行を果たした[15]。

次に、カタールにおけるIB認定校に所属する生徒数について概観する。国籍別・学校所在地別のDPの認定試験受験者について（**図6-4**）、2015年には76人のカタール人生徒がDPの認定試験を受験しており、またカタール所在のIB認定校からは329人の生徒がDPの認定試験を受けていることから、カタール所在のIB認定校では外国人が大きな割合を占めていることが推察される。経年的な変化をみてみれば、2006年時点ではカタール人生徒の受験者数が16人、カタール所在のIB認定校に所属する生徒が30人であり、この9年間でそれぞれ4.8倍、10.9倍の増加を示していることから、規模は小さいがIB認定校が着実に発展してきているといえる。

(2) 大学への接続

本項ではカタールにおけるIB認定校の高等教育機関への接続について確認する。カタールにおける教育関連文書にはIBに関する規定がみられず、国家としてIBの位置づけを捉えることは難しい。しかし**表6-2**の通り、カタールでは国立高等教育機関としてカタール大学、イスラーム研究センター、ドーハ・インスティテュートの3校が設置されているが、学士課程を提供しているのはカタール大学のみである。またその他の機関の多くは外国大学分校であるため、それぞれの大学における入学要件と入学後の単位認定の中でIBがどのように扱われているのか中心に考察する。

カタールの国立大学で学士課程を提供しているカタール大学では、IBディプロマは正式な入学資格として認識されており、入学申請の最低条件として3点あげられている。それは①フルIBディプロマを保持しており、かつ最低でも2科目でHigh Level（HL）、4科目でStandard Level（SL）の成績を残していること、②「知識の理論（TOK）」と「課題論文（EE）」を除いた42点の合計点のうち、24点以上の成績を残していること、③科学トラックで必要

第6章　カタールにおける国際バカロレアの展開　*155*

表6−2　カタールにおける主な高等教育機関一覧

高等教育機関名称	本校所在国	設立年
ヴァージニア・コモンウェルス大学	米国	1997
ウェイル・コーネル医科カレッジ	米国	2001
テキサスA&M大学	米国	2003
カーネギーメロン大学	米国	2004
ジョージタウン大学	米国	2005
ノースウェスタン大学	米国	2007
ユニバーシティ・カレッジ・ロンドン	英国	2010
HECパリ	フランス	2011
ノースアトランティックカレッジ※	カナダ	2002
カルガリー大学※	カナダ	2007
ステンデン大学※	オランダ	2009
カタール大学※	カタール	1973
イスラーム研究センター	カタール	2008
ドーハ・インスティテュート※	カタール	2015

出典：Ibnouf, A., Dou, L. and Knight, J. "The Evolution of Qatar as an Education Hub:
Moving to a Knowledge-Based Economy." Knight, J. (ed.). *International Education
Hubs: Student, Talent, Knowledge-Innovation Models*. Dordrecht: Springer, 2014,
pp.43-61ほか、各大学ホームページを参照。※はエデュケーション・シティ外
に立地する高等教育機関。

となる専攻について、２つの科学科目と一つの数学科目で最低でも４以上の
評価点を保持していること（３科目のうち２科目はHLでなければならない）。他
の３科目においては、最低でも３以上の評価点を獲得しなければならない、
の３点である。また、カタール大学の入学申込みの締め切り時点ではIB認
定校は最終学年の最中であり、成績が確定していないため、予測される成績
（predicted grades）を提出することになる。その後、成績を照合するために大
学へ正式のIBの成績を提出することになるが、成績の最低基準を満たして
いない場合、入学許可は取り消されることとなる[16]。

　次にその他の外国大学分校の入学要件におけるIBの扱いを確認する。カ

タールにおいてはカタール大学以外の高等教育機関はほとんどが欧米諸国からの外国大学分校で占められているため、IBディプロマに対する単位認定の要件もカーネギーメロン大学やヴァージニア・コモンウェルス大学など、いくつかの機関で設定されている[17]。たとえばテキサスA&M大学ではIB認定校の科目の試験の成績に応じて、大学における単位認定を行っている（表6−3）。テキサスA&M大学ではコースや専攻によってIBの単位認定の方式が変わるため、IBによる単位認定を希望する学生はアドバイザーと相談の上、IBを用いた単位認定を申請することになる。

　以上のカタールにおけるIBの展開状況をまとめると、以下の2点にまとめることができる。第1に、カタールにおけるIB認定校は主に①政府が設定するカリキュラムに縛られずに学校を運営する「インターナショナル・スクール型（11校）」、②カタールの教育改革の流れから展開され、ある程度の

表6−3　テキサスA&M大学におけるIBの単位認定の例

IB試験	最低必要スコア	テキサスA&Mコース	履修単位数
生物SL	4w/ Diploma	BIOL 113-123	4
生物HL	4	BIOL 111	4
	5	BIOL 111, 112	8
経済・経営SL	4w/ Diploma	MGMT 309	3
経済・経営HL	4w/ Diploma	MGMT 309	3
歴史（アフリカ）HL	4w/ Diploma	HIST 289	3
歴史（アフリカ）HL	4w/ Diploma	HISR 205	3
	5w/ Diploma	HIST 105, 106	6
歴史（東・東南アジア、オセアニア）HL	4w/ Diploma	HIST 289	3
歴史（ヨーロッパ）HL	4w/ Diploma	HIST 102	3
歴史（南アジア・中東）HL	4w/ Diploma	HIST289	3
歴史（イスラーム史）HL	4w/ Diploma	HIST 289	3
フランス語A or B SL	4w/ Diploma	FREN 101	4
	5	FREN 101, 102	8
フランス語A or B HL	4	FREN 101, 102	8
	5	FREN 101, 102, 201, 202	14

出典：Texas A&M University at Qatar. *Undergraduate Catalog Texas A&M University at Qatar 2007-2008.* Office of Public Affairs, 2006, pp.40-42.

第6章　カタールにおける国際バカロレアの展開　*157*

独自性や自律性が認められつつも、男女別学やアラビア語学習など、一定の
カタールにおける文化的背景などを考慮して運営される「インディペンデン
ト・スクール型（2校）」、③特定の目的を達成するために政府主導により設
置された「政府主導設置型（1校）」である。このように一言でIB認定校とい
えども、様々な位置づけのIB認定校が運営されていることがわかる。そし
て第2に、カタール国内の大学への進学について、比較的スムーズな接続の
仕組みが整備されていることである。カタールではIB認定校に係わる規定
が存在しているわけではないが、国立大学で学士課程を提供しているカター
ル大学は、正式な卒業資格の一つとしてIBディプロマを認め、手続き上で
も寛容な措置が講じられている。また他の大学の多くは欧米諸国からの外国
大学分校であるため、IBディプロマについても卒業資格として認められる
状況にあり、IB認定校での成績に応じた単位認定も行われている。このよ
うに、カタール国内においてもIB認定校およびIBディプロマといった資格
は、既存の学校等と大きく区別されることなく根づいていることがわかる。

第3節　カタールにおけるIB認定校の事例

　本節ではカタールにおける具体的なIB認定校を取り上げ、運営の方針や
提供されるカリキュラム、生徒の進路などを概観し、それぞれのIB認定校
の特徴を明らかにする。具体的なIB認定校として、一般的なインターナショ
ナル・スクールの学校としてカタールアカデミー（Qatar Academy）、インディ
ペンデント・スクールの事例として、アル゠バヤン女子教育複合学校（Al-Bayan
Educational Complex for Girls）、政府主導設置型の事例としてカタールリーダー
シップアカデミー（Qatar Leadership Academy）を選定した。

(1) カタールアカデミー (Qatar Academy)

　カタールアカデミーは1999年にカタール基金[18]が主導して設立した私立
学校であり、ドーハ郊外のエデュケーション・シティに立地している。

表6－4　カタールアカデミーにおけるIBに関する科目

英語	「英語A：言語と文学（HL/SL）」「英語A：文学（HL/SL）」
第二言語	「アラビア語A：言語と文学（HL/SL）」「アラビア語A：文学（HL）」「アラビア語B（HL/SL）」「スペイン語Ab（SL）」「スペイン語B（SL）」「フランス語Ab（SL）」「フランス語B（SL）」
数学	「数学研究（SL）」「数学（HL/SL）」
科学	「物理（HL/SL）」「生物（HL/SL）」「化学（HL/SL）」
人文学	「ビジネス・経営（HL/SL）」「環境システムと社会（SL）」「地理（HL/ SL）」「歴史（HL/SL）」「グローバル社会のIT（HL）」「経済学（HL/SL）」
選択科目	「演劇（HL/SL）」「視覚芸術（HL/SL）」「フィルム（HL/SL）」「音楽（HL）」「設計技術（HL/SL）」

出典：Qatar Academy. *International Baccalaureate Diploma Program Guide*. 2012, p.22.

2002年にIB認定校として認定され、現在ではDPのみではなくPYP（初等教育におけるIBプログラム）やMYP（前期中等教育におけるIBプログラム）の課程も提供されている。授業料については、カタール人学生については無償とされるが、外国人学生に関しては1年間で約65,000QR（1QR＝約28円、2016年7月30日時点）の授業料を支払う必要がある[19]。生徒におけるカタール人の割合は、2011年度においては10学年で約60%、11学年で約50%、12学年で約40%であり、約半数がカタール人生徒により占められている。2011年には68名のディプロマ申請者がいたが、試験の結果そのうち48名がIBディプロマを獲得し、うち16名がバイリンガル・ディプロマ[20]を獲得した。IBディプロマを獲得した生徒の平均点は、7点満点で4.9点であった[21]。2012年には74名の申請者のうち45名がIBディプロマを獲得し、平均点は5.0点であったという[22]。生徒の進学先としては、主にカナダ、英国、米国の高等教育機関である一方、エデュケーション・シティに立地するカーネギーメロン大学やジョージタウン大学といった外国大学分校も含まれている[23]。IBプログラムへの入学・進学要件としては、①MYPにおけるGPAが4.0以上であること、②Personal Projectにおける評価が3以上であること、③欠席が18日以下であることなどがあげられている[24]。

第6章　カタールにおける国際バカロレアの展開　*159*

　カタールアカデミーのミッションには「就学前から中等教育にわたるアラビア語とイスラームの学習に加え、国際的に認められ、包括的で、英語媒体のプログラムを提供する。カタールアカデミーは自立した批判的思考を備え、生涯にわたり学習し、責任ある市民を育成し、生徒にエリートの大学やカレッジに入学できるようにする」として、アラビア語やイスラームを考慮したカリキュラムが強調される一方で、国際感覚や批判的思考等を身につけることによってバランス感覚の良い人材の育成を目指すとともに、学校の目標としてカタールの発展に貢献することを意図したエリート養成としての性格が備わっていることがみてとれる。

　生徒は「英語」「第二言語」「数学」「科学」「人文学」「選択科目」の6グループから科目を選択する。また、4000語の課題論文の提出が必要であり、2011年には6名の生徒が優秀論文として政府からの表彰を受けた。カタールアカデミーにおいて提供される科目は**表6－4**の通りである。カタールアカデミーのミッションにおいてはアラビア語やイスラームに関する記述がみられたものの、特にイスラームに関してはDPプログラムにおいて特定の科目が設定されているわけではない。しかし「歴史」の科目においては、「本コースは中東地域を特に強調しつつ、20世紀の出来事に焦点を当てる」と述べられている[25]。そのためアラビア語等の授業においても中東地域やイスラームに焦点をあてている可能性は否定できず、他の科目の学習内容に関するより詳細な検討が必要であろう。

(2) アル＝バヤン女子教育複合学校 (ABECG : Al-Bayan Educational Complex for Girls)

　ABECGは1999年に、科学教育の提供を目的にしたものとしては初めてカタールで開設された私立学校であり、初等教育から後期中等教育までの課程が提供されている女子校である。当初は石油や工業分野に焦点が置かれ、フィールドワークを重視していたが、2004年に最高教育評議会よりインディペンデント・スクールとしての認可を受けている。この際、最高教育評議会

の求める「バランスのとれた生徒」を育成するというビジョンに応えるために、人文学(Humanities)の提供が開始された。IB認定校としての認定は2007年より受けている[26]。現時点のIBに所属する学生数は不明であるが、初めてIB認定校としての卒業生を輩出した2009年においては、卒業生が4名のみ(すべてカタール人)となっているため、規模自体は小さいものとなっている一方、これらの学生はIB認定校の学生も受けなければならないカタール国内の「カタール後期学校修了証」試験において、最上位の得点を獲得したことから、IBはカタール国内においてトップ層のための教育プログラムとして認知されていると考えられる。同時に、最高教育評議会教育機構の機構長であるSabha Al Haidoosも、「IBは中等教育において最も高い修了証として認知され、これらの学生の達成はカタールという国家を誇り高いものにするだろう」と述べていることから、国家としてもIB認定校およびその修了証に高い価値を見出していることがみてとれる[27]。年間の授業料は5,500～7,000米ドルとされるが[28]、カタール人学生に関しては最高教育評議会によるバウチャーにより無償となる。DPプログラムの入学要件には、「前期中等教育の成績において90%以上を獲得する」「多くの課外活動やプログラムに参加した情報に関するファイルを提出する」「入学試験を通過する」として、学力のみでなく課外活動といった学生の自主的な活動も評価に含まれている[29]。

　学校の理念についてはIBの課程に限定したものは見当たらないが、「就学前から12学年までの生徒が、国際的で、バランスのとれた、普遍的な人権の精神と価値を反映し、生徒の特別なニーズを考慮したコミュニティと結びついた、建設的、協力的で高い技術的学習環境における挑戦的な評価システムによって評価されるカリキュラムを通して、自身のアイデンティティと文化の強い意識と理解を備えることを保証する。本校は、生涯学習のための能力と責任を開発するために、学習者の精神的、心理的、社会的、身体的側面を促進し、生徒に国際的で異文化の経験を提供することに従事する[30]」として、アラブやイスラーム等を含めた生徒のコミュニティを考慮した学習環境

第6章　カタールにおける国際バカロレアの展開　*161*

表6－5　11、12学年におけるカリキュラム

Mene1	HL科目 SL科目 卒業要件 専攻	数学・物理・化学 イスラーム学習、英語、アラビア語、IT、ビジネス、体育 CAS（150Hours）、Extended essay 工学、体育、物理、イスラーム学習、化学、英語、アラビア語、科学、政治学、IT
Menu2	HL科目 SL科目 卒業要件 専攻	数学・生物・化学 イスラーム学習、英語、アラビア語、IT、社会科、体育、物理 CAS（150Hours）、Extended essay 医学、生物、工学、体育、物理、イスラーム学習、化学、英語、アラビア語、科学、政治学、IT
Menu3	HL科目 SL科目 卒業要件 専攻	英語、アラビア語、社会科 イスラーム学習、数学、物理、化学、IT、ビジネス CAS（150Hours）、Extended essay 体育、物理、イスラーム学習、英語、アラビア語、デザイン、社会科

出典："*Academics*", Al-Bayan Educational Complex for Girlswebsite, http://www.albayan.edu.qa/english/EducationalLevels/ SecondarySchool/Curriculumandcourses.aspx（2014年7月15日取得）.

とカリキュラムが提供され、それらのアイデンティティや文化的精神を涵養するとともに、協力の精神や創造性、また普遍的な人権の精神といった全人的な発達や、異文化の経験を通して国際性を育むことが目指されている。

こうした理念のもと、ABECGでは最高教育評議会の水準に従ったカリキュラムを通して得られる国家資格（National Certificate）と、IBディプロマの資格が得られる2年のプログラムが提供されている。IBのカリキュラムについては生徒の興味関心に従い、3つのメニューから選択することとなる[31]（表6－5）。それぞれのメニューでHL（Higher Level）とのSL（Standard Level）の科目が整備されているが、いずれのメニューにおいてもアラビア語とイスラーム学習が配置されているため、これらの科目がABECGにおける学習の基盤とされていることがみてとれる。一方で、それぞれのメニューにおける科目の構成から、メニュー1については理工学系、メニュー2については医学・生物学系を志望する生徒が所属することが看取でき、もともと科学学校であった名残を残していると考えられる。

(3) カタールリーダーシップアカデミー（QLA：Qatar Leadership Academy）

QLAは、王族の一人であるH.E Sheikh Joaan Bin Hamad Al Thaniが主導

し、カタール基金とカタール国軍との協力のもとで2005年に設立された高等学校である。設立にあたり、特に米国のウィスコンシン州にある St. John's Northwest Military Academy と早くからパートナーシップを結び、様々な助言を得たとされる。2005年に開学した際は32名の陸軍士官候補生が在籍していたが、2007年には81名の生徒が在籍しており、またこの年に国際バカロレア機構の認定を受けることとなった。2008年にQLAとして最初の卒業生が排出され、2009年の卒業生は最初のIBディプロマの資格を得ることになった。現在では6～12学年で、カタール内外から約100名の生徒が在籍している[32]。卒業生はノースアトランティックカレッジやジョージタウン大学、テキサスA&M大学といったカタール国内の外国大学分校の他、ノッティンガム大学やカイロ・アメリカン大学、ウェールズ大学といった国外の大学にも進学している。またこれらの大学の他、カタール人として初めて米国軍事アカデミーへの入学を果たしている[33]。入学要件は、中学校までの成績と、数学・英語の試験から判定され、年間に生徒が負担する費用については、授業料、教材費、下宿代などを含め、カタール人・カタール在住外国人であれば52,500QR（約148万円）、留学生であれば53,500QR（約151万円）を支払う[34]。

QLAはそのビジョンとして「今日、明日のリーダーを形成する」を掲げており、その理念を「青年が明日のリーダーとなるために、学問、リーダーシップ、運動における卓越性を促進する環境で従事させることによって、個人の

表6－6　QLAにおけるIBに関する科目

グループ1	アラビア語（言語と文学）　英語（言語と文学）	HL SL
グループ2	アラビア語B　英語B	HL SL
グループ3	経済学　歴史	HL SL
グループ4	生物　物理	HL SL
グループ5	数学研究　数学	SL
グループ6	化学　フランス語Ab（SLのみ）　映像芸術	HL SL

出典：Qatar Leadership Academy. *International Baccalaureate Diploma Program Guide.* 2012, p.22.

成長を促進することを目的とする」としている。また、中核的価値として、誠実さ、野心、義務感、透明性、チームワーク、卓越性、協力、健全性、勇気、決断力、相互尊重、誠実、思いやり、の13項目があげられている[35]ことから、人材育成の方向性として、高いレベルの個人の能力の育成とともに、協調性や責任感といった個人の内面的要素を涵養することによって、国家の軍事部門をはじめとした公共部門における指導者・実務者育成を目指していることが表れている。

　QLAにおけるIBの科目について表6－6にまとめた。生徒は自身の進学を希望する分野に沿って、グループ1〜6の中から1科目ずつ選択し、同時に少なくともHLで3科目を履修することとなる。アラビア語学習がグループ1・2に含まれており、IBに関する科目の中で中心に位置づけられている一方で、全体的には広範な科目が提供されているわけではなく、特定の科目に焦点を絞った形でプログラムが展開されていることがみてとれる。これらの科目の評価については、優秀な順に7〜1の7段階の評点がつけられる。11学年から12学年への進級の要件として、「選択した6科目で20点以上を取得する」「評点1を取らない」「知識の理論でD以上を獲得する」「課題論文のドラフトを提出し、監督者から了承を得る」「CAS Journalを提出し、CASコーディネーターより了承を得る」ことが求められている。QLAはインターナショナル・スクールの位置づけであるが、最高評議会からの就学費用に関するバウチャーを受けることを希望する場合、その生徒はアラビア語を必ず履修しなければならないとされている。

　このように、QLAでは一般的なIBのプログラムが設定されていることに加え、「ヘリテージ・プログラム」や「リーダーシップ・プログラム」が展開されている。ヘリテージ・プログラムは学年暦の最初に開始される、アラブやイスラーム等に由来するカタールの伝統的な諸活動を体験するプログラムである。それらの内容は、マジュリス（イスラーム諸国における「議会」の意味）における文化や作法を身につけることをはじめ、鷹狩り、釣り、乗馬、ラクダ、芸術、工芸などの活動が含まれている。これらの活動を通し、先人の土

官の知識や意識、文化を身につけ、どのようにそれらがカタールにおいて保存されてきたのかを学ぶことで、学問だけでなく伝統的・文化的な要素を体感し、明日のリーダーとしてのバランス感覚を涵養することを目的としている[36]。

　最後に、リーダーシップ・プログラムとは、生徒が士官としての能力を洗練させるための課外活動のことであり、前述のミッションを達成するための活動とされている。リーダーシップ・プログラムにおいては、4～6人単位で小部隊が組まれ、チームのメンバーとして様々な活動に取り組むこととなる。科目には、射撃、フィールドクラフト、無線交信法・無線通信、基礎体力など10の科目が設けられている[37]。また、基礎体力の科目においては、QLAにおいて到達すべき基準などが設定されている[38]。それぞれの科目における評価は、リーダーシップ局、教員、上級士官といった様々な評価者により行われ、チームワーク、リーダーシップ、指令（Command）、学問（Academic）の4つの側面から、A～Fの5段階（Eを除く）により評点がつけられる[39]。このように、IB認定校としてプログラムが提供されるかたわらで、学校の目的や特性に沿った活動が体系的に提供されていることが、QLAの特徴であると考えられる。

(4) 事例の考察

　本項においては、カタールアカデミー、アル＝バヤン女子教育複合学校（ABECG）、カタールリーダーシップアカデミー（QLA）の3つのIB認定校をとりあげ、その展開における特質を考察する。まず、共通点をあげるとすれば、育成されることが想定される人材像について、いずれのIB認定校においても協力の精神や創造性、チームワーク、責任感、市民性、国際性といった、IBにおいて重視されている人材像の要点が押さえられている一方で、アラブやイスラームの価値観といった、現地のコミュニティにおいて尊重されている文化的精神を涵養することが求められていることである。特にアラビア語に関してはいずれのIB認定校においても必須科目として提供されて

おり、カタールのIB認定校において中核的な位置づけにあることが推察される。同時に、いずれのIB認定校についても、カタールにおいては一部のエリートや指導者育成の性格が強く、学力優秀者に対して提供される教育として認知されていることがみてとれる。

　しかしこのような理念上の共通性がある一方、それぞれのIB認定校の特質に沿って提供されるプログラムや活動にも違いがみられた。カタールアカデミーは大規模なインターナショナル・スクールとして幅広い科目が提供されている一方で、ABECGは科学学校からIB認定校に転身した経緯から、多様な科目が提供されているとはいえず、理系科目が中心に提供されている。最後にQLAについては、ABECGと同様に広範な科目が提供されているわけではないものの、軍事学校という性格からそれらの訓練に関するプログラムが付加的に提供されている。

　このような状況は、IB認定校におけるプログラムの共通性と柔軟性を同時に示していると考えられる。つまり、IB認定校は世界的に共通化された科目および教育方法でプログラムが提供されることがその特質であると考えられるが、一方で、IB機構が発行しているガイドライン『一貫した国際教育に向けて』においては「「IBの学習者像」に基づき、効果的な学習環境の中で、児童生徒自身が地域社会、地域の環境、世界にとって関連性と意味のある文脈を伴った形で行わなければならない」ということが明記されており[40]、現地のコミュニティが保持するリソースを用いることにより、地域の文脈に沿った形でIBのプログラムが提供されるべきであることが強調されている。以上の状況に鑑みると、本節で取り上げたIB認定校について、IBで示される共通化された人材像を参照しつつも、カタール独自の文脈であるアラブ・イスラームといった価値観や、各IB認定校がもつ科学学校や軍事学校としての特質によって、地域的・学校的に固有の文脈によってIB認定校が展開されていることが示唆される。一方で、このような共通化された人材像と、それぞれの地域や学校がもつ固有の文脈がどのように調整されているのかについては、今後もより詳細な調査が必要であると考えられる。

おわりに

　本稿ではカタールにおけるIBの展開を、教育制度改革、IB認定校の展開状況、IB認定校の取り組みの事例という、3つの観点からとりあげた。カタールにおけるIB認定校は世界で普及しているインターナショナル・スクールの形態のみではなく、中央集権的な教育制度から脱する教育制度改革の流れの中で、後期中等教育段階の学校に対して一定の自律性・自由性が付与されたインディペンデント・スクールが展開し、その中にもIB認定校が含まれることとなっている。高等教育機関との接続という点では、カタール大学や外国大学分校にスムーズに進学できるように、それぞれの大学による入学要件が整備されている。国家によりIBに関連する政策や制度が整備されていないのも、高度に国際化された社会環境によって欧米諸国の教育機関の存在が当たり前なものとしてみなされていることが、一つの理由としてあげられよう。本稿では3校のIB認定校を事例として取り上げたが、外国のカリキュラムに沿ったインターナショナル・スクールの形態をとるIB認定校（カタールアカデミー）のみではなく、上記の教育制度改革の中で生まれた、カタールの教育環境や需要に配慮した認可制のインディペンデント・スクールの形態のIB認定校（アル＝バヤン女子教育複合学校）、カタール国軍とのパートナーシップのもとで設置された、士官学校の特徴を持つIB認定校（カタールリーダーシップアカデミー）など、それぞれの学校の性質や目的に応じた特徴的な取り組みがなされていることがみてとれた。

　以上のカタールにおけるIBの展開からわかることは、カタールの学校教育制度においてIB認定校はある程度深く根づいているということである。この要因としては、主として以下の3点をあげることができるだろう。第1に、上記とも関連するが、人口の多数を占める外国人労働者の子どもの教育という点で国際的なプログラムへの需要があり、IBについても抵抗なくスムーズに受け入れることができたと考えられる。これは、もともとインターナショナル・スクールが多く設置されていることからもみてとれよう。第2

に、カタール国内における教育制度の整備の流れにうまく乗ったことである。カタールでは教育省を中心とした中央集権的な教育制度の課題を解決するために、より効率性・自律性・多様性を求めた教育制度改革の流れができている。そうした流れの中で、一部のインディペンデント・スクールの中にIBが取り込まれ、政府関係者や学校関係者により高度なプログラムとして認知されることによって、IBはカタール国内に定着しつつあると考えることができる。

　第3に、前節で述べたようにIBそのものがもつ、多様性を包摂しうる基盤が考えられる。IBは世界的に共通化された人材像をもつが、一方でそのために用いられるリソースは地域的な文脈を考慮することが求められており、また付加的にプログラムを提供することも可能となっている。そのため『国家発展戦略2011-2016』に示されているような、総合的な人材育成を目指しつつ、社会的需要や文化に沿いながら国際化に対応できるカタールの人材育成の方針とも一定の適合性があると考えられる。このような国際化を目指しつつ現地の文脈を包摂しうるIBそのものの特性が、カタールにおけるIB認定校によって提供される、多様な教育として表れているとも捉えることができよう。

注

1　杉本均，中島悠介「トランスナショナル高等教育の展開－中東諸国を中心として－」『京都大学大学院教育学研究科紀要』第58号、2011年、1-18頁。

2　掘拔功二『アラブ首長国連邦における国家運営と社会変容：「国民マイノリティ国家」の形成と発展』京都大学大学院アジア・アフリカ地域研究研究科博士学位論文、2011年、102-107頁。

3　カタール・日本語教育・地域別情報、国際交流基金ウェブサイト http://www.jpf. go.jp/j/japanese/survey/country/2011/qatar.html(2014年2月4日最終アクセス)。

4　カタール・諸外国・地域の学校情報、外務省ウェブサイト http://www.mofa. go.jp/mofaj/toko/world_school/06middleeast/infoC60900.html(2014年2月11日最終アクセス)。

5　International Bureau of Education. *World Data on education Qatar.* 2013, p.15-16.

6　Dominic J. Brewer, et al. *Education for a New Era, Design and Implementation of*

K–12 Education Reform in Qatar. RAND Corporation; Santa Monica, 2007, pp.20-30.

7　最高教育評議会ウェブサイト (http://www.sec.gov.qa/En/Pages/Home.aspx) より筆者推計 (2014年2月12日最終アクセス)。

8　Gonzalez, G. et al. *Developing and Implementing the Qatar Student Assessment System, 2002–2006.* RAND Corporation; Santa Monica, 2009, pp.2-3.

9　*Ibid.*, pp.3-4.

10　学校報告カードには生徒数、教師数、教師一人当たり生徒数、生徒のアラビア語話者／英語話者の割合、性別の割合といった基本情報から、学校のカリキュラムやサービスに対する親の満足度、標準テストにおけるそれぞれの科目の点数、授業形式、教授言語、特別なニーズをもつ子どもの割合、教員のもつ資格・勤務年数の割合、親の学校参加などさまざまな情報がアラビア語で記載されている。しかし、これらの情報は学校単位で集計されて公表され、教育段階に限定した情報ではない。

11　International Bureau of Education. 2013, *op.cit.*, pp.4-5.

12　General Secretariat for Development Planning. *Qatar National Vision 2030.* 2008, p.8.

13　General Secretariat for Development Planning. *Qatar National Development Strategy 2011–2016.* 2011, p.124.

14　これらのIB認定校のうち、ロンドンインターナショナルスクール・カタール (International School of London Qatar) とカタールアカデミー (Qatar Academy) のみが、初等教育段階のIBであるPYPと、前期中等教育段階のIBであるMYPの課程を提供している。

15　Dominic J. Brewer, et al., 2007, *op.cit.*, pp.135-140.

16　"High School Requirements Qatar University", Qatar University website, http://www.qu.edu.qa/students/admission/undergraduate/high-school-applicants.php(2016年8月15日最終アクセス)。

17　"Academic Credit for AP, IB, and A-Levels", Carnegie Mellon University Qatar website, https://www.qatar.cmu.edu/academiccreditや、"Undergraduate Admissions", Virginia Commonwealth University in Qatar website, http://www.qatar.vcu.edu/undergraduate-admissionsを参照 (2014年2月11日最終アクセス)。

18　Qatar Foundation (カタール基金) は、カタール政府が出資する非営利団体であり、1995年にハマド・ビン・ハリーファ・アル＝サーニーにより設立された。教育分野においては後述のカタールアカデミーを設けたほか、カタール・サイエンス＆テクノロジー・パークを中心としたエデュケーション・シティの運営も行なっている。

19　Qatar Academy. *Tuition Fee Schedule 2016-2017.* 2016, p.1.

20　バイリンガル・ディプロマとは「2つの言語A1の科目を履修する」「言語A1の

科目と言語A2の科目を履修する」「グループまたはグループ４の科目を言語A1で選択した科目以外の言語で履修する」「グループ３またはグループ４における課題論文を言語A1で選択した以外の言語で履修する」の中のいずれかの要件を満たした場合に授与される資格である。

21　Qatar Academy. *Qatar Academy Annual Report 2011-2012*. 2012, p.18.

22　Qatar Academy. *Qatar Academy Annual Report 2012-2013*. 2013, p.20.

23　*Ibid.*, pp.27-28.

24　"Admissions", Qatar Academy website, http://qataracademytest2.fuegodigital.com/admissions/admissions(2014年2月11日最終アクセス).

25　Qatar Academy. *Social Studies & Humanities Objectives*. 2014, p.50.

26　"About Al Bayan Educational Complex for Girls", Al Bayan Educational Complex for Girls website, http://www.albayan.edu.qa/english/EducationalLevels/SecondarySchool/AboutUs.aspx(2014年2月11日最終アクセス).

27　"Four students from Al Bayan excel in IB exams" SEC website, http://www.edu.gov.qa/En/Media/News/Pages/NewsDetails.aspx?NewsID=2830(2016年7月11日).

28　The European Council of International Schools. *The Ecis International Schools Directory 2009/2010*. Suffolk;John Craft Educational Ltd. 2009, p.204.

29　Al-Bayan Educational Complex for Girls. *Student and Parents Guide 2009-2010*. 2009, pp.21-22.

30　"Vision and Mission", Al-Bayan Educational Complex for Girls website, http://www.albayan.edu.qa/english/AboutUs/VisionMission.aspx(2014年2月11日最終アクセス).

31　"Academics", Al-Bayan Educational Complex for Girls website, http://www.albayan.edu.qa/english/EducationalLevels/SecondarySchool/Curriculumandcourses.aspx(2014年2月12日最終アクセス).

32　"History of Qatar Leadership Academy", Qatar Leadership Academy website, http://qla.finyal.co/index.php?option=com_content&view=article&id=55&Itemid=61(2014年2月12日最終アクセス).

33　"QLA Graduates", Qatar Leadership Academy website, http://qla.finyal.co/index.php?option=com_content&view=article&id=103&Itemid=63(2014年2月11日最終アクセス).

34　"Admission", Qatar Leadership Academy website, http://qla.finyal.co/index.php?option=com_content&view=article&id=54&Itemid=29(2014年2月12日最終アクセス).ただし、カタール人学生に関してはバウチャー制度を利用することにより、これらの学費等が無料となる可能性がある。

35　"QLA Vision, Mission and Objectives", Qatar Leadership Academy website, http://qla.finyal.co/index.php?option=com_content&view=article&id=56&Item

170

id=53(2014年2月12日最終アクセス).

36 "Heritage Training", Qatar Leadership Academy website, http://qla.edu.qa/en/heritage-training-2.html (2016年8月1日最終アクセス). Bosberry-Scott, W. *IB World Schools Yearbook 2009*. Woodbridge: John Catt Educational Ltd, 2009, p.123.

37 "Programme of Studies", Qatar Leadership Academy, Leadership Programme website, http://qla.finyal.co/index.php?option=com_content&view=article&id=57&Itemid=120(2014年2月12日最終アクセス).

38 詳細は、Qatar Leadership Academy. *2010-2011 Qatar Leadership Academy Physical Training (PT) Tests and standards.* 2012を参照。

39 "Assessment", Qatar Leadership Academy, Leadership Programme website, http://qla.finyal.co/index.php?option=com_content&view=article&id=86&Itemid=121(2014年2月12日最終アクセス).

40 国際バカロレア機構『一貫した国際教育に向けて』非営利教育財団国際バカロレア機構、2014年、18頁。

終　章

李　霞

　本書は、グローバル化の進展に伴い、近年アジア地域におけるIB認定校が爆発的に急増している事実に鑑み、アジア諸国におけるグローバル人材を育成するためのIBの役割の究明に有意義な示唆を与えるために、アジア諸国におけるIBの導入の現状および適用の動向を包括的に分析し、この地域でのIBの導入および適用にみられる共通的特徴や課題を明らかにすることを目的としている。この目的の達成を目指して、とりわけ、アジア諸国の公教育におけるIBの位置づけおよび、IBが導入される際の各国での公教育からの影響に焦点をあて、検討を行った。特に後者については、IBの目指す教育理念・目標とアジア諸国における公教育との間にずれや相違がみられるか、もしずれや相違が存在しているのであれば、どのようなずれや相違がみられるか、これらのずれや相違がアジア諸国におけるIB導入の際にどう解消されているのかといった点に着目した。

　序章においては、下記の3つの研究課題を設定した。

　（1）アジア諸国におけるIB導入の政策的背景には何があったか。

　（2）アジア諸国におけるIB導入の現状はどうなっているのか。

　（3）IB認定校の運営実態はどうなっているのか。

　本章では、これまで取り扱ってきた日本、中国、韓国、ベトナム、インド、カタールにおけるIBの導入および適用の動向に対する検討を踏まえて、上記の3つの研究課題に対する分析の結果を述べていく。

第1節 アジア諸国におけるIB導入の政策的背景

1つ目の研究課題は、アジア諸国におけるIB導入の政策的背景には何があったかを明らかにすることである。

第1章で明らかにしたように、日本においては1970年代ころから教育の国際化に関する政策が本格化し、その後、グローバル化の進展につれて、IBに対する注目が徐々に高まり、2011年以降、IBが急速に脚光を浴びるようになった。そして、IBが注目されたもう一つの背景として、日本の現行学習指導要領で目指す育成すべき「生きる力」をもつ人間像と、IBが掲げる育成すべき人間像に親和性があるとされていることが確認された。さらに政府は、日本語DPの導入や学校教育施行規則の改正などIBDPの導入を積極化するための施策を講じており、日本語DPに象徴されるようにグローバルとローカルの融合を志向しながら、国際人としての日本人の育成にIBが貢献することが期待されていることも明らかになった。

第2章の中国では、IBの導入そのものに対する政策的な提言はみられないものの、IBの中国での導入の背景には、国際競争に勝ち抜くためのカギとなる「グローバル人材」の育成を目指す、中国政府の積極的な推進が密接に関連していることが明らかとなった。中国では、1990年代からの市場経済体制への転換に伴い、「応試教育」に対する反省と、民族素質の向上や科学技術の発展の重視とともに、対外開放や国際協力に対する需要があった。特に1995年以降、インターナショナル・スクールに関する制度化や、外国人留学生の受け入れ、教育の対外開放や国際協力に言及する政策が相次いで展開されてきた。これに、近年の中国国内における海外留学に対する需要の高まりという背景を加えて考えると、中国におけるIBの急速な拡大は、このような経済の市場化、教育の国際化政策の延長線上にあるといえよう。

IBの導入に関する日本・中国の政策的展開に対し、第3章で明らかにしたように、同じ東アジアに位置している韓国においては、IBの導入を巡って、多少の方向性の違いがみられる。つまり、韓国では、従来からの後期中等教

育システムへのIB導入を目指した政策はみられないものの、IBは国際的通用性と質の担保された教育の基準として認識されつつある。韓国におけるIBの導入は、外国人の国内投資を促進させるために必要な居住環境・教育環境の整備と、その具体的な解決策の一つとしての外国教育機関の誘致という側面で主に言及されてきた。これに加えて、「早期留学」など韓国人の海外留学のニーズを国内で吸収するために、続々と設立された外国人学校や国際学校など外国教育機関の教育の質的向上への需要があった。つまり、経済的な対外交流に伴って高まりつつある教育の国際化に関する需要が、IBという国際的に認定された教育課程をはじめ、外国の教育機関の韓国進出を促す政策が打ち出された背景となった。

　第4章では、東南アジアに位置するベトナムにおけるIB導入の政策的背景について分析を行った。そこで明らかとなったように、ベトナムではドイモイ体制が打ち出されて以降、共産党による一党支配体制のもとで経済の市場化が推進され、教育部門においても市場化や国際化という観点を取り入れた教育改革が展開されてきたことが、IBを受け入れる土台となった。他方、ベトナムでは、社会主義体制の維持と発展のために初等教育から高等教育に至るまで、一貫して社会主義の思想教育・道徳教育が重視されてきており、現時点ではIBは単に国内の市場経済を活性化させるための手段と捉えられていると分析できた。このことが、IBに関する教育政策を持ち合わせていないという、ベトナム独特の状況を生み出した原因となっている。

　続けて、第5章では、インドにおけるIB導入の政策的背景について分析を行い、インドでは特に2000年代以降の経済成長によって中間層が拡大したことに伴う、より良い教育への需要がIBの導入に拍車をかけていたことが明らかとなった。インドでは、1990年代以降に出された教育政策において、教育の量的拡大に加え質の改善も目指されるようになった。しかしながら、IBに関する政策的・制度的な動きはみられない。その背景として、インドにおける初等・中等教育段階での教育は、英語が主要な教授言語とされていること、また、従来からインド人が留学先として米国や英国など欧米圏の大

学を選択する傾向があり、教育の国際化がすでに一定程度達成されてきたため、教育の国際化を教育政策・制度的展開においてあえて強調する必要がないことが推察される。一方で、近年、経済が急成長したことに伴い、インド国内ではより良い教育への需要がさらに高まったことで、IB認定校の急増がもたらされた。

　最後に第6章のカタールでも、教育政策・制度的動向において、IBが特別に取り上げられてこなかったことを明らかにした。カタールでは外国人が全体人口の多くの割合を占めているため、インターナショナル・スクールをはじめとした外国教育機関がカタールに多く進出し、カタールの国家教育システムの一部としてみなされていることから、既に教育の国際化に対する社会的意識は高いものと考えられる。同時に、教育の質的向上を目指し、近年、カタールの教育制度において、学校の自律化・多様化が目指されるようになりつつある。このような背景のもとで、中央集権的な教育制度から脱し、とりわけ後期中等教育段階の学校に対して、一定の自律性・自由性が付与された新しい教育制度改革の流れの中で、各学校においてIBが採用されはじめた。

　以上述べてきたように、日本、中国、韓国、ベトナム、インド、カタールの6カ国に対する分析から、近年の教育政策の中でIBの普及・拡大を明示しているのは日本のみであり、その他の5カ国においては教育政策の中でIBに対する直接的で明確な方針が示されていないことが明らかとなった。また、IBの導入に関して、グローバル化に対応する「グローバル人材」の育成を目的とする国、経済の市場化の進展への対応を目的とする国、教育の国際化を意識し、国内教育の質的向上を図ることを目的とする国など、IB導入の意図は一様ではない。しかしながら、この6カ国においてIBが発展してきたきっかけには、それぞれの国における経済発展に伴う、経済的・教育的な対外交流があったことが指摘できる。つまり、これらの国におけるIB導入の大きな背景として、グローバル化の影響があったといえよう。なお、IBに関する政策の有無は、各国における公教育の理念・目標とIBの目指す教育理念・目標との親和性や、各国の公教育の国際化程度や教育制度の柔軟性と関連し

ていることが、上記6カ国に対する比較分析によって示唆され、注目すべき
点になる。

第2節　アジア諸国におけるIB導入の状況

　2つ目の研究課題は、アジア諸国におけるIB導入の現状はどうなってい
るのかを明らかにすることである。この研究課題を解明するために、本書は
主に、アジア諸国におけるIB導入の展開や、高大接続におけるIBディプロ
マに対する取り扱いなどに焦点をあて検討を行った。検討の結果を以下のよ
うに述べておく。

　まず第1章では、日本におけるIB導入の状況について分析を行い、日本
では、2017年までにDPを提供するIB認定校200校の設置が目指されてい
るが、2016年7月時点でDPを提供しているIB認定校の数は27に過ぎず（う
ち一条校は13校）、目標の200校と大きくかけ離れている状況であることを
明らかにした。また、これらのIB認定校は、公立校2校を除き、私立高校
であることや、私立のIB認定校において高い授業料が徴収されているため、
日本におけるIB認定校は、主に経済的に余裕のある一部の富裕層に対して
門戸が開かれている現状にあることが判明した。さらに、日本ではIBディ
プロマは後期中等教育の修了資格および、大学入学資格として認知されてい
るものの、入学試験の評価対象として扱われている大学は2015年時点で16
校に過ぎず、大学入学試験におけるIBディプロマへの対応は萌芽的段階に
留まっているといわざるを得ない。

　次に、第2章において中国におけるIB導入の状況について概観した。中
国ではDPを提供しているIB認定校は2016年7月時点で87校に上り、そ
の多くが私立学校であるが、2000年以降、公立のIB認定校も増えつつある
ことが明らかとなった。しかしながら、これらのIB認定校が、主に経済開
発が進む地域を中心に展開される一方で、経済開発の遅れている地域ではほ
とんど設置されておらず、その分布には地域的な偏りがみられる。また、IB

認定校は授業料を自由に設定することができ、その額は公立学校の年間授業料の数倍から数十倍に達しており、富裕層の子弟をターゲットにしていることが明らかである。さらに、中国ではIBディプロマは、後期中等教育修了資格として正式に認証される一方で、中国国内の高等教育機関への入学資格とはみなされていない。そのため、IBには、中国の教育制度における正当な位置づけが与えられておらず、IBが公教育制度の外側に位置づけられていることが明らかであった。

続けて、第3章では、韓国におけるIB認定校の展開状況について検討を行った。韓国では、2016年8月時点で11校のIB認定校がDPを提供しており、そのほとんどが2010年以降に認定された「外国人学校」、もしくは「特別法による国際学校」であることが判明した。韓国のIB認定校の特徴を捉えるとき、授業料は普通の高校より高く、IBディプロマは一般入試の成績として考慮されず、IB認定校の卒業生も韓国の大学入試を受ける必要があることは見逃せない。つまり、韓国も教育制度の中にIBを取り入れてはいないのである。ただし、近年、個別の大学においては、特別入試枠を中心にIBを大学入試の成績参照資料として認める新しい動向がみられるようになっている。今後、IBの成績を認める大学の増加に伴い、韓国の教育制度においてIBに対する認知が進められる可能性があろう。

そして、第4章では、ベトナムにおけるIB導入の状況について検討を行った。その結果、ベトナムでは、2016年5月時点でハノイ、ホーチミンといった都市部において11のIB認定校が展開されており、すべての学校においてDPを提供していること、これらのIB認定校はインターナショナル・スクールとして設置され、授業料が一般の公立学校の数百倍にも達しており、限られた富裕層の子弟にしか門戸が開かれていないことが判明した。また、現在IBディプロマはベトナムの高等教育機関への入学資格としてはともかく、高校卒業資格としても認められていないため、IB認定校は量的に拡大してきているとはいえ、IBがベトナムの国家的な教育制度から分離されていることが明らかである。

終　章　*177*

　ベトナムに対する検討に続き、第5章では、インドにおけるIB導入の状況を概観した。インドでは、最も歴史のあるIB認定校は1976年に認定されたものである。一方で、IB認定校が急速に拡大したのは2000年代に入ってからであり、2017年10月時点で116のIB認定校がDPを提供している。これらのIB認定校は私立無補助学校として、授業料が一般の私立学校より高く、限られた富裕層を対象としている。現在、インドではIBディプロマを大学入学資格として認証しており、IBは国家公教育制度に位置づけられている。しかしながら、大学入学者選抜制度とIBディプロマの間には、ギャップ・イヤーに象徴されるように、多くの課題も残されており、その解決に、今後、高大接続におけるIBディプロマの取り扱いに関する制度的な整備が急がれることが明らかとなった。

　最後に第6章では、カタールのIB導入の状況について分析を行った。カタールでは、2016年8月時点ではDPを提供しているIB認定校は14校であり、うち12校は首都のドーハに設置されている。学校種別をみてみると、12校がインターナショナル・スクールであり、2校がインディペンデント・スクールとなっている。授業料については、一般的な私立学校等よりは高額になっているものの、カタールの国民であれば、バウチャー制度により無償となることが可能である点が特徴的である。これに加え、高等教育機関との接続という点からみると、カタール大学やカタール国内の外国大学分校にスムーズに進学できるように、IBディプロマの認定試験とこれらの大学入学試験の時期的なズレも、仮申請という形で配慮が行われているなど、制度的な整備が整えられている。これらのことから、カタールでは、IBは国家の教育制度に正式に位置づけられていることがわかる。

　以上、アジア諸国におけるIB導入の展開に対する検討から、どの国においても、近年IB認定校が増えており、IBに対する認知度の高まりがうかがわれる。また、どの国においても、IBは高価な教育であるうえ、IB認定校の分布には地域的な偏りがある場合が多い。さらに、高大接続におけるIBディプロマに対する取り扱いにおいては、日本やインド並びにカタールのよ

うに、IBを公教育制度の中に取り入れることに積極的な姿勢を示す国もあれば、中国や韓国、そしてベトナムのように、高大接続におけるIBディプロマの承認に消極的な態度を示し、IBを公教育の外側に位置づける国もあることが明らかとなった。

とりわけ、どの国においてもIBが高価な教育とされ、IB認定校の分布が地域的に偏っている傾向があり、警戒すべき点であろう。このことは教育の格差を生じさせ、教育を受ける機会的不平等を生み出す要素となりうるからである。また、本書で取り上げている6カ国の高大接続におけるIBディプロマに対する取り扱いにみられる差異について、IBが公教育制度の中においてどのように位置づけられるかは、IBを導入する意図や、IBの教育理念・目的とIBを導入するホスト国の公教育の理念・目標との親和性、そしてIBを導入するホスト国の公教育の国際化程度や教育制度の柔軟性と密接に関わることが、本節の分析によって改めて確認された。

これとともに、アジア諸国では、グローバル化や国際化に対する意識が強いものの、それを実現させるための施策が追い付いていないことは気がかりな点である。これについて、現在日本やインドの場合は、大学入試におけるIBディプロマへの対応が不充分であることはともかくとして、特に、中国、韓国、ベトナムの場合は、国際化やグローバル化を意識し、IBの国内での導入を許してきたものの、IBを国内の公教育制度と分離させる施策をとっている。このような施策はこれらの国で目指されているグローバル化や国際化の実現を阻害する要素にもなりかねないであろう。

第3節　IB認定校の運営実態

3つ目の研究課題は、IB認定校の運営実態はどうなっているのかを明らかにすることである。この課題を解決するために、主に、IB認定校の教育理念・目標およびカリキュラム構成についての分析に加え、IB認定校の生徒の状況にも焦点をあて、検討を行った。以下、国別にその分析結果を述べ

ておく。

　第1章では、日本におけるIB認定校の事例として5つの学校を取り上げ、検討した。この5校の教育理念や内容は一様ではないものの、それぞれの教育理念において、グローバルや国際理解に焦点をあてていることには共通点が確認され、IBの目指す国際志向の教育理念が保持されていることがうかがえる。また、事例として取り上げているぐんま国際アカデミー、AICJ高等学校の掲げている教育理念において、日本人としてのアイデンティティの育成も目指されていることに注目しておきたい。すなわち、これらの部分はグローバルな視野の育成に焦点をあてるIBの教育理念よりも、「国民」の育成に重点を置く日本の公教育に近い考えを示すものであり、日本の公教育による影響がうかがわれる箇所である。他方、IB本来の教育理念をそのまま保持している学校もあるため、IBの日本での導入において、IB本来の目指す教育理念・目的は日本の公教育による影響という文脈で語るよりは、IB認定校設置主体の目指す教育理念・目的に影響される部分が感じられる。なお、日本におけるIB認定校には、日本国籍の生徒とともに外国籍の生徒も通っている学校がある。また海外の大学に加え、日本国内の大学にも進学者を出していることから、日本のIB認定校は日本の通常の学校教育の一部としても機能し得ることが明らかとなった。ただし、第2節で明らかにしたように、日本ではIBディプロマを入学試験の評価対象として扱っている大学は2015年時点で16校にすぎず、大学入学試験におけるIBディプロマへの対応は萌芽的段階に留まっていることから、IB認定校の卒業生の進路は海外大学への進学が主であることが想定される。

　第2章では、中国におけるIB認定校の事例について検討を行った。事例として取り上げた2つのIB認定校の掲げている教育目標・理念には、グローバル化への対応や国際志向を強く意識したIB本来の目指す教育理念や目標が保持されていながらも、中国人としてのアイデンティティの育成という中国の公教育の目標が先行していることが特徴的である。また、カリキュラムの構成においても、「民主・自由・人権」などを取り扱うセンシティブな教

科の開設を避け、世界文化の履修においても、中華文化を主としているなど、中国のナショナリズムを重んじる実態がある。このことから、IBの教育理念と中国の公教育との間にずれが存在していることが示唆される。また、このずれを埋め合わせるために中国のIB認定校で施された工夫は、中国の公教育の目標や理念をそのままIBの教育理念に付加する形に留まっていることが判明した。そのほかには、中国におけるIB認定校の生徒は中国籍をメインとしているものの、中国籍の生徒に限定していないことや、IBディプロマは中国国内の大学への入学資格として認定されておらず、IB認定校に通う生徒全員が海外の大学への進学希望を持っており、IB認定校は主に海外大学向けの進学教育を提供する役割を果たしていることが明らかとなった。

　第3章では韓国におけるIB認定校の事例について検討を行った。韓国では、IB認定校の掲げている教育理念は様々であるが、そこに共通してみられるのは「グローバル・国際理解」というIB本来の目指すものであることが明らかとなった。IB認定校のうち、韓国人を対象とする唯一の国家教育課程に従う必要がある京畿外校でも、その教育理念においては、韓国人としてのアイデンティティの育成などの文脈は含まれておらず、IBの理念とその方向性が明確に保持されている。また、韓国におけるIB認定校は外国籍の生徒だけではなく、韓国人生徒も対象にしていること、韓国のIB認定校の生徒たちの進学先については、近年、少数ではあるが韓国の大学にも進学する事例は見られるものの、アメリカやイギリスの大学が上位にあることが判明した。

　続けて、第4章において、ベトナムにおけるIB認定校2校を事例として取り上げた。まず、ハノイ・インターナショナル・スクールではIBの理念に基づきDPが提供されているが、国連インターナショナル・スクール・ハノイ校は「国際標準を超えるダイナミックなカリキュラム」とされる国連の理念や思想を反映したカリキュラムを使用しており、国際公務員をはじめとする国際的なリーダーを養成することを目指している。ここで、特筆すべきはこの2校の教育理念は、「愛国心、民族としての誇りの気持ち、道徳」を

重視するベトナムの国民教育の論理とは異なっていることである。つまり、ベトナムのIB認定校は、学校の設置主体によって、その教育理念においては多少の差がみられるものの、ベトナムの公教育による影響は受けていないのである。これはIBがベトナムの国家教育制度から分離されていることに由来すると考えられる。事例として取り上げたこの2校では、特定の国籍に偏らないように生徒の国籍に対する調整が行われている。また、IB認定校に在籍する生徒の進学先としては外国所在の大学がほとんどであることも明らかとなった。

第5章では、インドにおけるIB認定校の事例として、コダイカナル・インターナショナル・スクール(KIS)とヴィクトリアス・キズズ・エデュケアーズ(VKE)を取り上げ、検討を行った。この2校の掲げている教育理念において、多文化尊重をはじめIBの教育理念も保持されている一方で、それぞれの特徴的な点も確認された。前者のKISは、元々宣教師の子弟を受け入れる学校であったため、その教育理念はキリスト教の教えに基づいている。他方、後者のVKEは、KISとは異なりインド人を主な対象とした学校であり、ヒンドゥー教的な価値観を重んじるところに特徴がみられる。このような特徴を持つインドの事例は、インドにおけるIB認定校がIB本来の目指す教育理念を確かに保持しながら、学校設置主体の性格によって、多様に展開していることを示すものである。なお、インドでもIB認定校の生徒は特定の国籍に限定されておらず、生徒の進学先として欧米の大学が大半を占めることが明らかとなった。

最後に第6章では、カタールにおけるIB認定校の事例を取り上げ、検討を行った。その結果、カタールで最も普及している、外国のカリキュラムに沿ったインターナショナル・スクールの形態をとるIB認定校のみでなく、近年の学校自律化・多様化を進める教育制度改革の中で生まれた、カタールの教育環境や需要に配慮した認可制の公立校であるインディペンデント・スクールの形態のIB認定校や、カタール国軍とのパートナーシップのもとで設置された、士官学校の特徴を持つIB認定校などがみられ、それぞれの学

校の性質や目的に応じた特徴的な取り組みがなされていることが明らかとなった。これらのIB認定校はIBの理念を保持しながら、カリキュラムや諸活動にアラビア語やイスラーム学習が取り入れられていることが共通して確認され、IB本来の教育理念に加えて、カタールならではのものが掲げられているのである。この点において、IBの目指している教育理念とカタールの公教育の目標との間で調整が行われているように見受けられる。なお、カタールでは外国人の人口がカタール国籍者の人口をはるかに上回っているため、IB認定校の生徒の国籍がカタール人を含め多国籍であることが予想される。さらに、IB認定校の生徒の進学先は、欧米諸国の大学が主となっていることが明らかとなった。

　以上に述べてきたように、アジア諸国におけるIB認定校の運営実態から、国際化・グローバル化に対応する人材の育成、日本人・中国人としてのアイデンティティの育成、ヒンドゥー教やイスラーム的価値観の育成など、IBが多様な教育目的を実現させるために適用されていることが明らかとなった。こうした実態は、IBが導入される際の各国の公教育による影響の状況はさまざまであることを意味する。まず、IBが導入される際に公教育による影響を受けている国として、中国とカタールを例にとっておきたい。この両国は、IBを公教育制度の中に位置づけているか否かについては異なる姿勢を示しているものの、特定の文化や価値観を重んじる伝統のある国であることに共通点がみられる。また、両国のIB認定校において、ともに公教育の理念とIBの教育理念にみられるずれを修正しており、そのための措置として、IBの教育理念に、両国で重んじられている特定の文化や価値が加えられていることも共通して確認された。

　他方、IBが導入される際に公教育による影響というより、各認定校によって独自の教育理念や目標が加えられている国もあり、日本、韓国、ベトナムおよびインドがこれに当てはまる。日本の場合は、公教育の目指す理念や目標がIBの教育理念や目標と親和性があることが理由として考えられる。韓国の場合は、IBが国内に設立された外国教育機関の自主的に行う教育の質

終 章 *183*

的向上を実現させるために必要なもの、あるいは高まりつつある海外留学に
対する需要を国内で解消するための手段として活用されていることと関連す
る。またベトナムの場合は、IBを単に国内の市場経済を活性化させるため
の手段として捉え、公教育制度の中に取り入れていないことに由来する。イ
ンドについては、IB認定校を含む私立学校の教育理念や目標の設定に政府
は関与しておらず、各学校の自主裁量に任されているなど、教育制度に柔軟
性があることに加え、公教育の国際化程度が進んでいることも要因になって
いると考えられる。このように、以上6カ国に対する分析から、IBの導入
における公教育による影響の状況においても、IBの教育理念や目標と、公
教育の教育理念や目標との親和性、公教育の国際化の程度や教育制度の柔軟
性と深く関わっていることが確認される。

　他方、アジア諸国のIB認定校における生徒の状況および生徒の進学先に
ついてみてみると、どの国においても、IB認定校は特定の国籍をもつ生徒
に限定的に門戸を開いているわけではないことが判明した。また、いずれの
国においても、IB認定校の生徒の進学先は主に海外の大学となっており、
アジア諸国において、IBは海外大学向けの進学プログラムとしての性格を
もつ傾向が共通に確認される。

　ここで特筆すべきは、公教育による影響の有無にかかわらず、事例として
取り上げたアジア諸国のIB認定校では、その教育理念にはIBのコア要素が
保持されていることである。このことから、IBの「国際標準のカリキュラム」
という位置づけがアジアでも形成されつつあることがうかがえる。またIB
認定校で目指される学習者像は序章で言及したグローバル人材の持つべき資
質と能力と重なる部分も確認され、アジアにおけるグローバル人材の育成に、
IBが確かな力を発揮しうることがいえよう。

　そして、IBは海外大学向けの進学プログラムとしての性格をもつことに
も注意しておきたい。これは各国におけるグローバル人材の国内での定着に
疑問を投げかけるものであり、IBがアジア諸国の教育制度における正当な
位置づけを得ることに支障をきたすものである。つまり、IBが海外大学向

けの進学プログラムとみなされることが、ホスト国のIBに正当な公教育制度上の位置づけを与える意義を小さくし、結果として国内の進学先も整備されず、IB認定校の生徒が海外の大学へ進学せざるを得ない状況を生み出す要因になる。また、IB認定校の生徒が海外の大学へ進学することで、グローバル人材を国内に定着させるという点でのIBの有効性が疑われ、IBが公教育制度上で正当な位置づけを得ることが阻まれるという悪循環につながると考える。

第4節　総合的考察

　本書は、IBのアジア諸国での導入の現状および適用の動向について、日本、中国、韓国、ベトナム、インド、カタールを事例に検討を行った。IBの導入に関する政策的背景、IB導入の現状およびIB認定校の運営実態に焦点をあて分析した結果、上記の6カ国におけるIBの導入および適用動向においては、非常に多様な状況を顕していることが明らかとなった。こうした多様な状況は、IBの導入を巡るアジア諸国の意図や温度差と深く関わっており、その根底には、アジア諸国の社会的・経済的要素、文化的価値観など多様な国内事情があると考えられる。とりわけ、IBの教育理念や目標と、IBを導入するホスト国の教育理念や目標との親和性、およびIBを導入するホスト国の公教育の国際化程度や教育制度の柔軟性が、各国のIBへの温度差に深く関連することが分析により示された。これとともに、カリキュラムなどについて、ドメスティックな内容に対する配慮が一定程度なされているIBそのものが持つ、多様性を包摂しうる基盤がこうした多様な状況を生み出したともいえよう。

　一方で、この6カ国におけるIBの導入および適用において以下の共通した特徴も確認された。すなわち、①IBが高価な教育であり、一部の富裕層にしか門戸が開かれておらず、IB認定校の分布には地域的な偏りがみられること、②IB認定校における授業料の設定や教育理念や内容が様々である

こと、③IB認定校においては、多様な文化に対する寛容な態度や国際的な視野をもち、幅広い教養を有し、思考力・判断力・創造力・問題解決力など主体的な態度と能力を兼ね備えた人材、すなわち序章で言及したグローバル人材の育成が目指されており、そのためにIBのコア的要素を保持した教育が展開されていること、④IBは海外留学のためのプログラムという性格をもつ傾向があること、⑤アジア諸国では高大接続におけるIBディプロマへの対応が欠けていること、である。

　こうした共通の特徴から、IBのアジア地域での導入および適用に関するいくつかの課題も浮かび上がってくる。

　第一に、IBが先進的な教育プログラムでありながら高価な教育という性格をもち、一部の富裕層にしか門戸が開かれていないこと、およびIB認定校の分布には地域的な偏りがあることは、教育を受ける機会的な不平等を生じさせ、教育の格差の拡大につながりかねない。

　第二に、IB認定校における授業料の設定や教育理念や内容が様々である実態から、IBの導入に自由主義的な市場経済による競争が伴う可能性が否定できない。したがって、IBの導入に伴い、経済的利益至上主義などの影響が生じ、学校という学びの場が歪められる可能性がある。

　第三の課題は、どのIB認定校においても、序章で言及したグローバル人材の育成が目指されており、そのためにIBのコア的要素を保持した教育が展開されていることと関連する。これらのことから、アジア地域におけるグローバル人材の育成に対するIBの有効性が広く認知されており、IBの「国際標準のカリキュラム」という位置づけがアジアでも形成されつつあることがうかがえる。しかし一方で、IBが西洋的文化背景をもつものであるため、IBの掲げている教育理念や目標のコア的要素がアジア諸国のIB認定校で保持されていることは、多様な社会的、文化的背景を抱え、教育における多様化傾向をもつアジア地域に、教育の画一化、西洋化をもたらす危険性を伴うものである。

　第四の課題は、アジア諸国において、IBは海外留学のためのプログラム

という性格をもつという傾向と関連する。特に、中国、韓国、ベトナムでは、高大接続の観点からみるとき、IBが国内の高等教育機関への接続がなく、公教育制度の外側に位置づけられていることが明らかである。このことは、IB認定校の生徒の海外留学に拍車をかける要素になり、グローバル人材の国内での定着に支障をきたすものにもなりうる。

第五に、アジア諸国では、高大接続におけるIBディプロマへの対応が欠けていることと関連する。本書で取り上げている6カ国のうち、大学入試におけるIBディプロマへの対応を進めているのは日本、インドおよびカタールの3カ国であり、日本とインドの場合はなお多くの課題が残っていることが判明した。一方で、中国、韓国、ベトナムの場合は、国際化やグローバル化を意識し、IBの国内での導入を許してきたものの、IBを公教育制度の中に取り入れておらず、公教育と分離させる施策をとっている。これらのことから、現在アジア諸国では、グローバル化や国際化に対する意識が強いものの、それを実現させるための施策が追い付いていないことがいえよう。

そのほかにも、序章で述べたように、IBは自立したグローバルな視野をもつ個人の育成を目標としており、学習過程においてとりわけ生徒の主体的な参加が求められている。一方で、アジア地域では、学習者の主体的な取り組みを必要としない伝統をもつ国が多い地域でもある。この点も、今後、アジア地域で生じるであろうIBのさらなる普及に備えて検討が急がれる課題であるといえよう。

以上のように、アジア6カ国におけるIB導入および適用動向についての分析から、先行研究でも指摘されたいくつかの点、すなわち、IBがその事業の拡大に伴い特定のナショナルな色彩を帯びる傾向があることや、近代型の学校教育を受け続けて国内に留まるグループと、国際標準といわれる新しい枠組みの教育を受けて将来複数の国を渡る歩くグループとに線引きされる二極化を引き起こすことに対する懸念が、アジアでも確認された。

一方で、IB導入および適用を巡るアジアならではの特徴と課題も新たに確認された。まず、アジアでは、中国をはじめ、ベトナム、カタールといっ

た特定の文化や価値観を重んじ、国家システムが強固というイメージがある国々においても、近年IBを積極的に受け入れる方向性を打ち出していることは先行研究の指摘とは異なるように見受けられる。次に、IBのアジアでの導入は、経済の市場化への対応や、それに伴う教育の国際化への対応など複数の理由が絡み合っており、一つのパターンに分類されないことも、先行研究での指摘と異なる事情を示している。

さらに、事例として取り上げたアジア諸国のIB認定校の育成すべき人間像に対する構想において、序章で言及したグローバル人材のもつべき資質能力と重なる部分が確認される。これに加えて、国内の教育の質的向上を促す目的としてIBを導入している国の事例も多く確認された。これらのことから先行研究で言及された西洋だけでなく、アジア地域においても、国内の教育改革の牽引としてIBを利用しつつ、グローバル化への対応を図ろうとする国々の実態が判明した。

とりわけ、中国やカタールのIB認定校の事例で示されているように、一部のIB認定校の目指す教育理念や目標では、IB本来の教育理念や目標とのずれや相違が存在しており、このずれや相違を解消するために、IB認定校のとっている対策の一つに、IB本来の目指している教育理念や目標に加え、特定の文化や価値観に対する要求も加えているという工夫が確認された。この点こそIBのアジアでの導入と適用における最大の特徴であり、注目に値する。なぜなら、IBの教育理念や目標とのずれや相違を解消するためにアジア諸国のIB認定校で施されているこうした工夫は、確かに自らの期待している人材の育成に、IBが有効な手段として捉えられている側面も見受けられる。しかしこの見方は同時に、特定の民族文化や価値観とIBの目指す文化や価値観との調和を重んじる人材の育成を可能にする方法とみなすこともできる。それはやがて、ローカルとグローバルとのつながりに寄与し、グローバル時代における国際交流や理解の促進に、IBが重要な意義を持つことを示唆する材料になり、評価すべき点でもあろう。

何より、グローバル化は本来多様な文化や多様な価値観の併存を重んじる

文脈で語られる概念である。しかし今日、西洋発祥の文化概念、価値観ひいてはものに対する考え方が国際的なスタンダードになりつつあり、グローバル化＝西洋化・欧米化という考えが広がる傾向が見受けられる。こうしたなか、アジア諸国のIB認定校で行われているIBの目指す教育理念や目標とのずれを解消するための工夫は、多様性を容認するグローバル化という概念のもつ本来の意味を理解することに貢献しうるといえよう。

第5節　結語

　グローバル化の進展に伴い、総合的な国力競争が激化するなか、国際競争に勝ち抜くために、グローバル化に対応できるグローバル人材の育成が諸外国で求められつつある。このような背景もあり、「グローバルリーダー」の育成を自らの使命とし、「国際標準のカリキュラム」と認められているIBがグローバル化に対応する有効な手段と認識され、各国に導入されるようになった。

　特に、IBと異なる文化・価値観で国民国家の維持に努めてきた国において、IBの導入が続々とみられることは、近年のグローバル化の進展の、諸外国に対する影響の大きさを物語っている。なぜなら、IBと異なる文化・背景をもつこれらの国にとって、IBを導入することは、国民国家の基盤となる伝統的な文化、価値観を根本的に揺るがすものになりかねないからである。しかしながら、グローバル化の進展に対抗しつつ、総合的な国力の国際競争に勝ち抜くためには、従来の文化や価値観に相反するものであっても、世界と戦うために必要なものであればそれを借りざるを得なくなったとみることができるだろう。中国やカタールをはじめアジア6カ国におけるIBの導入および適用動向にみられる一部のIB認定校で施されている工夫はまさしく、グローバル化・教育の国際化の潮に強く打たれながらも、どうにか国民国家の基盤となる伝統的な文化、価値観を守り抜こうとするアジア諸国の苦渋の対策ともいえよう。

また、本書での検討から、アジアの6カ国のどの国のIB認定校も、多様な文化に対する寛容な態度や国際的な視野をもち、幅広い教養を有し、思考力・判断力・創造力・問題解決力など主体的な態度と能力を兼ね備えたリーダーシップのとれるグローバル人材の育成を目指している。このような人材の育成を巡って、それぞれのIB認定校ではIBのコア的要素を保持した教育が展開されていることも共通に確認された。これらのことから、グローバル化に対応するグローバル人材の育成に対するIBの有効性がアジア地域で広く認知されており、IBの「国際標準のカリキュラム」という地位がアジアでも確立されつつあることが明らかとなった。それとともに、アジア地域におけるIBの導入および適用にみられる多くの共通課題も判明し、今後、アジア地域で生じるであろうIBのいっそうの普及において有意義な示唆を与えることを期待する。

なお、本書で扱ったアジア諸国におけるIBの導入および適用動向は現在進行中のものであり、今後の展開には引き続き注目していく必要がある。また、本書で取り扱ったIB認定校の事例はアジア諸国におけるIBの導入と適用動向を示す事例ではあるものの、非常に限られたものである。グローバル化の進展に伴い、今後、アジア地域でのIBの動向がよりいっそう変化していくことが予測される。とりわけ、アジア地域のグローバル人材の育成におけるIBの役割をよりよく理解するためには、それぞれの国におけるIB導入の現状および課題を精察していく必要がある。これらのことを意識しながら、本書で明らかになった点を踏まえつつ、今後も新しい情報の収集に励み、アジア諸国におけるIBの導入および適用を巡る最新動向やその多様性の実態に迫る努力を続けていきたい。

あとがき

　国際バカロレア（IB）が誕生したのは今より半世紀も前の1960年代まで遡るが、アジアではIBへの注目度が上がったのは21世紀に入ってからのことであり、日本と中国に限ってみれば、2010年以降IBに対する注目度が急上昇してきた。

　日本では、2012年6月に、「グローバル人材育成戦略」という公文書が公布され、そこでは今後IBの資格を取得可能な、又はそれに準じた教育を行う学校を大幅に増加させる目標が打ち出された。この公文書の公布は今日の日本の教育研究分野にみられるIBへの関心を喚起したきっかけになっている。ほぼ同じ時期の2011年に中国では、国家教育部が専門家チームを結成し、中国国内だけではなく、近隣諸国のIB認定校の実態調査に踏み切った。幸い編者もその調査に同行させていただけたことが、本書を編集する原点となった。

　これまで編者は、グローバル時代における学力の在り方、中でも学習者の主体性の育成をどう図るべきかというテーマで研究を続けてきた。その関心から、日本や中国のIB認定校での調査を通じて、IBの目指している学力観では学習者の自らの探究を重んじており、また異なる価値に対する寛容を涵養しようとしている点に興味をもった。そして、この学力観は、当時、日本で熱い視線を集めていたキー・コンピテンシーや21世紀型スキルといった学力観に類似しており、自由・人権など西洋の普遍的な価値を根幹としたものであると認識した。しかし同時に、IBの導入と一口に言っても、日本と中国のIB認定校の運営の実態が異なる事実にも気がついた。

この気づきは、アジア地域のIB認定校においては、IBの理念が保持されない可能性もあるのではないかという懸念に発展した。なぜなら、アジア地域は個人の自由・権利よりも集団の利益を重んじる国が多い地域であり、社会的・文化的背景や価値信仰が多様である地域でもあるためである。このような地域にとって、IBは、西洋の文化的背景からの影響が色濃い故、異質な存在ともいえる。一方で、今日、IB認定校が、アジア諸国で急増している事実から、IBの導入が必要となったアジアの実態があったとも考えた。そこで、アジア諸国におけるIB導入の背景及びその実態に対する究明が、グローバル時代におけるアジア諸国の教育戦略を明らかにする重要な手掛かりになると考え、後輩たちと本書の出版を画策し、作業を進めてきた。

　研究歴の浅い私たちのこの拙作には、さらに議論が必要なところも多くあると自覚している。一方で、グローバル人材の育成におけるIBの有効性が大いに注目されている今日の現状を鑑み、アジア諸国におけるIB導入の現状及び適用の動向を包括的に分析した本書の出版で、この地域でのグローバル人材を育成するためのIBの役割の究明に有意義な示唆を与えることができればと願っている。

　本書の出版に当たっては、指導教官であった京都大学杉本均教授及び東信堂社長下田勝司氏に多大なる励ましのお言葉や貴重なアドバイスを頂いている。また、学術振興会研究成果公開促進費を受給((学術図書)『グローバル人材育成と国際バカロレアーアジア諸国のIB導入実態』課題番号17HP5216)したことは本書の出版の後押しとなった。以上のことを付記して、関連の先生方や支援団体に深く御礼を申し上げる。

李　　霞

索　引

ア

愛国主義感情	17
愛国心	103, 118, 125, 127, 180
アイデンティティ	iv, 17, 30, 33, 34, 160, 179
アラビア	126, 145, 147, 151, 159, 161, 163, 164, 182
アル＝バヤン女子教育複合学校	164
安寧教育	107
生きる力	3, 23, 26, 38, 172
イスラーム	145, 151, 159, 161, 163-165, 182
一般教養	126
異文化理解	5, 13
インターナショナル・スクール	5, 26-28, 48, 103-116, 118, 148-156, 166
インディペンデント・スクール	147, 150-151, 157, 166-167
インド人民党	125, 127
受入れ外国人留学生	77
英才学校	74
オイルマネー	145
応試教育	48, 172

カ

海外派遣留学生	49
改革開放	43
外国人学校	74-79, 81-84, 86-90, 173
科学技術	43, 48, 102, 172
学習指導要領	14, 22, 26, 30-31, 35-38, 172
各種学校	26, 74, 78, 84
学力	3, 13, 18, 84, 108, 130, 191
カタールアカデミー	157, 164
カタールリーダーシップアカデミー	153, 161
課題論文	10, 29, 111, 159
価値信仰	4, 6, 18, 192
学校教育法	24, 26
学校教育法施行規則	30
カリキュラム	8
カリキュラム・フレームワーク	124-125, 127, 129-130, 140
漢江の奇跡	71
寛容性	5
帰国子女	13
義務教育	22, 45, 72, 122, 129, 147, 151
キャリア	9
教育基本法	22, 72
教育訓練省	107-109, 112
教育国際化特区	78-79
教育再生実行会議	25
教育資源	49, 66
教育制度	13, 15, 21, 56, 67, 72, 97, 99, 117, 122, 141, 147, 166, 176-178, 184
教育発展戦略	101
協調性	3, 18, 30
クルアーン	145
グローバル人材	3-7, 13, 17-18, 25, 30, 66, 93, 171, 183-189
グローバルリーダー	3, 6, 188
軍事政権	71

計画経済	98, 128		**サ**
経済構造改革	71	在外子女	7, 13
経済自由化	121, 128	最高教育評議会	149-151, 159-161
経済自由特別区域	77	才能教育	74-75
言語深化学習	90	産業構造	145
検定教科書制度	45	資源依存型経済	145
公教育	4, 6-7, 15, 21, 39, 58, 65-67, 71,	思考力	iv, 3-5, 18, 44, 185, 189
	93, 99, 141, 174, 186, 176-184	仕事教育	126
高考	45, 47	自主募集	57
高大接続	16, 28, 38, 56, 132, 175, 186	市場化	98, 101, 117, 127, 172-174, 187
公民教育	107	市場経済	173, 183, 185
効率性	167	市場経済体制	48, 102, 172
国際学校	74, 76, 82, 84	市場原理	13, 98
国際感覚	159	資本主義	97, 128
国際競争	3, 6, 43, 66, 79, 172, 188	社会主義	17, 44, 97, 102-103, 107, 117,
国際業務	3, 17, 43, 66		173
国際公務員	115, 118, 180	社会主義現代化	48
国際視野	8	社会主義道徳	17
国際通貨基金	71, 128	社会正義	125
国際的スタンダード	3, 18	主体性	3, 5, 17, 30, 191
国際統合	101, 102	純就学率	22, 72, 75, 147
国際認証	78	職業学校	45-47
国際バカロレア	iii, 4, 7, 13, 24-26, 43, 71,	職業教育	9, 99
	98, 121, 146, 191	自律	22, 59, 76, 79, 84, 140, 148-151,
国際標準	5, 7, 14, 78, 79, 113, 180, 186,		166, 174, 181
	188	私立被補助	124
国定教科書	45, 103	私立無補助	124, 126, 132, 135, 177
国内学歴認定機関	84	人権	5, 63, 65, 160-161, 179, 191
国民統合	103, 117-118	新時代の教育	147, 150
国立教育研究研修審議会	124	人力強国	3, 43, 49
国家教育委員会	48	進路別課程	76
国家教育課程	iv, 72, 75-76, 180	スーパー・グローバル・ハイスクール	25
国家教育部	45, 49, 191	正規教育	99
国家体制	15, 97, 117	政治体制	71
国家ビジョン 2030	151	成人大学	47
コミュニティ学校	147-149	西洋中心主義	13
混合経済	128	世界化	71, 75-76
		世界銀行	128

索 引 *195*

責任感	5, 8, 17, 30, 44, 112, 163, 164
世俗主義	125, 127
全人教育	7, 16
創意的な体験活動	76
早期留学	80-81, 173
創造性	10, 21, 29, 35, 111, 151, 161, 164

タ

対外開放	48-49, 98, 172
大学修学能力試験	84-85
大学全入	22, 47
大学入試	i, 31, 45, 51, 56-57, 84-85, 176, 178, 186
体験的な学習	13
多角化	145
卓越性	74-75, 86-87, 113, 162-163
確かな学力	3, 23
多様性	14-15, 39, 86-87, 113, 121, 138, 169, 184
探究型学習	9
男女共学	147, 153
知識基盤型産業	145
知識の理論	10, 29, 35, 111, 154, 163
チャータースクール	150
中央教育審議会	24
中華文化	63, 65, 97, 180
中考	45, 47, 60, 63
中等専門学校	45, 47
ドイモイ体制	98, 101, 104, 173
陶冶	72
特色入試	28

ナ

ナショナリズム	44, 65, 67, 125, 180
ナショナル・カリキュラム	13, 107, 110, 124
日本語 DP	29-31, 38-39, 172

日本再興戦略	24-25

ハ

パートナーシップ	153, 162, 166, 181
判断力	3, 8, 18, 44, 185, 189
パンチャーヤット	124
批判的思考	151, 159
弘益人間	72
ヒンドゥー	18, 121, 125, 127, 139, 181
複合学校	153, 157, 159, 164, 166
仏教	18, 97
プレ DP	87, 90
文化大革命	43
文化伝統	4
平準化政策	74-75
ベトナム共産党	97
ホーチミン	97, 102, 104-105, 109, 176
保健体育	31, 36-37, 126

マ

マイノリティ	145
マジョリティ	147
マルクス・レーニン	102
民間アラブ学校	147-148
民族主義	59
民族素質	48, 172
文部科学省	18, 24, 26, 31
文盲撲滅・継続教育プログラム	99

ヤ

豊かな人間性	3, 23
予備教育	147

ラ

リーダーシップ	6, 17-18, 102, 162, 164,

	189
立法民主共和制	71
留学の若年化	49, 51-52
臨時教育審議会	24
レリバンス	14

その他

AO 入試	28
ASEAN	98
DP	9-11, 26, 53, 98, 104, 109, 112, 114, 131, 136, 147, 152, 172
Education for New Era	147-150
IB ディプロマ	5, 11, 16, 28, 37, 55, 83-84, 110, 130, 132, 147, 154, 175
MYP	8, 26, 59, 110, 131, 158
OECD	71, 80
PYP	8, 59, 61, 109, 131, 158
WTO	49, 98, 102
211 プロジェクト	43
985 プロジェクト	43

執筆者紹介

李　霞（り　か）　序章、2章、終章
奥付参照

門松　愛（かどまつ　あい）　1章
名古屋女子大学　文学部児童教育学科　講師　京都大学大学院教育学研究科博士後期課程研究指導認定退学
主要業績
　「バングラデシュにおける保護者の就学前教育選択の論理―学校教育への期待と育児観の影響に着目して―」『比較教育学研究』第53号、2016年、116-137頁。
　「第35章　初等教育普及と就学前教育の導入―幼少期からの教育熱の高まり―」大橋正明ら（編）『バングラデシュを知るための66章：第3版』明石書店、2017年、224-229頁。
　「バングラデシュにおける教師主導・知識獲得志向の就学前教育の支持理由―教師と母親の価値観に着目して―」『国際幼児教育研究』第24号、2017年、1-16頁。

全　京和（ぜん　きょうわ）　3章
京都大学大学院　教育学研究科　博士後期課程在学中
主要な業績
　「第1章　韓国における付加的プログラムの展開」『付加的プログラムの展開から見たアジアの大学教育』（南部広孝・中島悠介編）、広島大学高等教育研究開発センター（高等教育研究叢書134）、2017年、11～22頁。
　「韓国のおける大学教育の『卓越性』に対する認識―『学部教育先導大学育成事業』の評価・成果指標を手がかりに―」『京都大学大学院教育学研究科紀要』第64号、2018年（印刷中）。
　「韓国の大学における学長選考制度の変遷―設置形態の相違と政治的状況変化の文脈から―」『京都大学大学院教育学研究科紀要』第63号、2017年、543～555頁。

関口　洋平（せきぐち　ようへい）　4章
日本学術振興会特別研究員（神戸大学大学教育推進機構）、京都大学大学院教育学研究科博士後期課程　単位取得認定退学
主要論文
　関口洋平「ベトナム高等教育における私塾大学の特質に関する研究：管理運営的側面における制度設計を中心に」『比較教育学研究』日本比較教育学会、第46号、21～40頁、2013年。
　関口洋平「ベトナムにおける高等教育行政構造の特質に関する研究：多数省庁による所管分担方式の持続的原理」『比較教育学研究』日本比較教育学会、第49号、114～135頁、2014年。

渡辺　雅幸（わたなべ　まさゆき）　5 章
京都大学大学院教育学研究科博士後期課程研究指導認定退学。修士（教育学）。
現在、京都大学学際融合教育研究推進センター地域連携教育研究推進ユニット、特定講師
主要な業績
「インド高等教育における連邦と州の関係―大学教員資格試験制度に着目して―」『比較教育学研究』第 52 号、2016 年、47-67 頁。
「インドにおける大学教員資格試験制度の展開―公正さ（equity）という観点に着目して」『教育制度学研究』第 23 号、2016 年、40-56 頁。
「インドの工学系大学における入学者選抜制度の展開―2010 年代以降の全国統一型試験の動向に着目して―」『京都大学大学院教育学研究科紀要』第 63 号、2017 年、557-580 頁。
「インドにおける付加的プログラムの展開」南部広孝・中島悠介編『付加的プログラムの展開から見たアジアの大学教育（高等教育研究叢書 134）』広島大学高等教育研究開発センター、2017 年、63-73 頁。

中島　悠介（なかじま　ゆうすけ）　6 章
大阪大谷大学 教育学部 講師、京都大学 大学院教育学研究科 博士後期課程 研究指導認定退学
「アラブ首長国連邦における国民と外国大学分校―教育ハブの中の「アラブ基盤型」発展論理―」日本比較教育学会編『比較教育学研究』第 53 号、東信堂、2016 年、93-115 頁。
「ドバイのフリーゾーンにおける外国大学分校質保証の展開―二元的アプローチへの制度的変遷を中心に―」日本比較教育学会編『比較教育学研究』第 49 号、東信堂、2014 年、176-198 頁。
「ドバイにおけるトランスナショナル高等教育の展開―フリーゾーンへの高等教育機関誘致に着目して―」杉本均編著『トランスナショナル高等教育の国際比較―留学概念の転換』東信堂、2014 年、289-304 頁。

編著者紹介

李　霞（り　か）
2012 年 9 月京都大学にて Ph.D.（Ed.）を取得。
京都大学大学院教育学研究科研究員、プール学院大学短期大学部特任講師を経て、現在、
滋賀短期大学幼児教育保育学科講師。
専門は比較教育学（教育政策、カリキュラム、教授法）。
主な業績
『文革後中国基礎教育における主体性の育成』（単著、東信堂、2015 年）
『マンガとアクティブ・ラーニングで学ぶ保育内容総論』（共著、保育出版社、2016 年）
『教育原理（コンパクト版保育者養成シリーズ）』（共著、一藝社、2016 年）
『教育・保育課程論（コンパクト版保育者養成シリーズ）』（共著、一藝社、2017 年）
「中国における児童の「主体性」育成に関する理論と実践の展開—裴娣娜の研究に焦
点をあてて—」『教育目標・評価学会紀要 21 号』（単著、2011 年）
「中国における国語教育目標の変容−初等教育課程政策の分析を手掛かりに—」『教育
目標・評価学会紀要 24 号』（単著、2014 年）
「中国の『グローバル人材』育成における国際バカロレアの役割−IB を導入した北京
市の学校の事例分析−」『教育目標・評価学会紀要 25 号』（単著、2015 年）など。

グローバル人材育成と国際バカロレア—アジア諸国の IB 導入実態—

2018 年 2 月 25 日　　初　版第 1 刷発行	〔検印省略〕

定価はカバーに表示してあります。

編著者ⓒ李　霞／発行者 下田勝司　　　　　　印刷・製本／中央精版印刷株式会社

東京都文京区向丘 1-20-6　郵便振替 00110-6-37828
〒 113-0023　TEL 03-3818-5521（代）　FAX 03-3818-5514

発 行 所
株式
会社 東 信 堂

Published by TOSHINDO PUBLISHING CO., LTD.
1-20-6, Mukougaoka, Bunkyo-ku, Tokyo, 113-0023, Japan
E-Mail : tk203444@fsinet.or.jp　http://www.toshindo-pub.com

ISBN978-4-7989-1484-8 C3037　ⓒ Ri Ka

東信堂

- ペルーの民衆教育 ―「社会を変える」教育の変容と学校での受容　工藤瞳　三三〇〇円
- アセアン共同体の市民性教育　平田利文編著　三七〇〇円
- 市民性教育の研究 ―日本とタイの比較　平田利文編著　四三〇〇円
- 社会を創る市民の教育 ―協働によるシティズンシップ教育の実践　桐谷正信・大谷正信編著　二五〇〇円
- 現代ドイツ政治・社会学習論 ―「事実教授」の展開過程の分析　大友秀明　五二〇〇円
- アメリカにおける多文化的歴史カリキュラムの展開過程の分析　桐谷正信　三六〇〇円
- アメリカ公民教育におけるサービス・ラーニングの研究　唐木清志　四六〇〇円
- 社会形成力育成カリキュラムの研究　西村公孝　六五〇〇円

- 比較教育学事典　日本比較教育学会編　一二〇〇〇円
- 比較教育学の地平を拓く　森田稔・山田肖子編著　四六〇〇円
- 比較教育学 ―越境のレッスン　馬越徹　三六〇〇円
- 比較教育学 ―伝統・挑戦・新しいパラダイムを求めて　M・ブレイ編／馬越徹・大塚豊監訳　三八〇〇円
- 国際教育開発の研究射程 ―比較教育学の最前線「持続可能な社会のための比較教育学」を求めて　北村友人編著　二八〇〇円
- 国際教育開発の再検討 ―途上国の基礎教育普及に向けて　小川啓一・北村友人・結城貴子編著　二四〇〇円
- 発展途上国の保育と国際協力　浜野隆・三輪千明著　三八〇〇円
- 中国教育の文化的基盤　顧明遠著／大塚豊監訳　二九〇〇円
- 中国大学入試研究 ―変貌する国家の人材選抜　大塚豊　三六〇〇円
- 東アジアの大学・大学院入学者選抜制度の比較 ―中国・台湾・韓国・日本　南部広孝　三二〇〇円
- 中国高等教育独学試験制度の展開　南部広孝　三二〇〇円
- 中国の職業教育拡大政策 ―背景・実現過程・帰結　劉文君　五〇四〇円
- 中国における大学奨学金制度と評価　王帥　五四〇〇円
- 現代中国高等教育の拡大と教育機会の変容　王傑　三九〇〇円
- 現代中国初中等教育の多様化と教育改革　楠山研　三六〇〇円
- グローバル人材育成と国際バカロレア ―アジア諸国のIB導入実態　李霞編著　二九〇〇円
- 文革後中国基礎教育における「主体性」の育成　李霞　二八〇〇円
- 韓国大学改革のダイナミズム ―ワールドクラス〈WCU〉への挑戦　馬越徹　二七〇〇円

〒113-0023　東京都文京区向丘1-20-6　TEL 03-3818-5521　FAX03-3818-5514　振替 00110-6-37828
Email tk203444@fsinet.or.jp　URL:http://www.toshindo-pub.com/

※定価：表示価格（本体）＋税

東信堂

多様性と向きあうカナダの学校 ―移民社会が目指す教育　児玉奈々　二八〇〇円

カナダの女性政策と大学　犬塚典子　三九〇〇円

多様社会カナダの「国語教育」(カナダの教育3)　関口礼子・浪田克之介編著　三八〇〇円

21世紀にはばたくカナダの教育(カナダの教育2)　小林順子他編著　二八〇〇円

ケベック州の教育(カナダの教育1)　小林順子　二〇〇〇円

トランスナショナル高等教育の国際比較―留学概念の転換　杉本均編著　三六〇〇円

チュートリアルの伝播と変容―イギリスからオーストラリアの大学へ　竹腰千絵　二八〇〇円

[新版]オーストラリア・ニュージーランドの教育―グローバル社会を生き抜く力の育成に向けて　青木麻衣子・佐藤博志編著　二〇〇〇円

オーストラリア学校経営改革の研究―自律的学校経営とアカウンタビリティ　佐藤博志　三八〇〇円

オーストラリアの教員養成とグローバリズム―多様性と公平性の保証に向けて　本柳とみ子　三六〇〇円

開発教育研究の継承と新たな展開―オーストラリアのグローバル教育の理論と実践　木村裕　三六〇〇円

戦後オーストラリアの高等教育改革研究　杉本和弘　五八〇〇円

オーストラリアの言語教育政策―多文化主義における「多様性と」「統一性」の揺らぎと共存　青木麻衣子　三八〇〇円

英国の教育　日英教育学会編　三四〇〇円

イングランドのシティズンシップ教育政策の展開―カリキュラム改革にみる国民意識の形成に着目して　菊地かおり　三二〇〇円

イギリスの大学―対位線の転移による質的転換　秦由美子　五八〇〇円

統一ドイツ教育の多様性と質保証―日本への示唆　坂野慎二　二八〇〇円

ドイツ統一・EU統合とグローバリズム―教育の視点からみたその軌跡と課題　木戸裕　六〇〇〇円

教育における国家原理と市場原理―チリ現代教育史に関する研究　斉藤泰雄　三八〇〇円

中央アジアの教育とグローバリズム　川野辺敏・嶺井明子編著　三三〇〇円

インドの無認可学校研究―公教育を支える「影の制度」　小原優貴　三三〇〇円

タイの人権教育政策の理論と実践―人権と伝統的多様な文化との関係　馬場智子　二八〇〇円

バングラデシュ農村の初等教育制度受容　日下部達哉　三六〇〇円

マレーシア青年期女性の進路形成　鴨川明子　四七〇〇円

東アジアにおける留学生移動のパラダイム転換―大学国際化と「英語プログラム」の日韓比較　嶋内佐絵　三六〇〇円

〒 113-0023　東京都文京区向丘 1-20-6　TEL 03-3818-5521　FAX03-3818-5514　振替 00110-6-37828
Email tk203444@fsinet.or.jp　URL:http://www.toshindo-pub.com/

※定価：表示価格（本体）＋税

東信堂

- ネオリベラル期教育の思想と構造 —書き換えられた教育の原理　／　福田誠治　／　六二〇〇円
- 世界の外国人学校　／　末藤美津子・福田誠治編著　／　三八〇〇円
- アメリカ 間違いがまかり通っている時代 —公立学校の企業型改革への批判と解決法　／　D.ラヴィッチ著 末藤美津子訳　／　三八〇〇円
- 教育による社会的正義の実現 —アメリカの挑戦（1945-1980）　／　D.ラヴィッチ著 末藤美津子訳　／　五六〇〇円
- 学校改革抗争の100年 —20世紀アメリカ教育史　／　D.ラヴィッチ著 末藤・宮本・佐藤訳　／　六四〇〇円
- アメリカ公民教育におけるサービス・ラーニング　／　唐木清志　／　四六〇〇円
- アメリカ公立学校の社会史　／　W・J・リース著 小川佳万・浅沼茂監訳　／　四六〇〇円
- アメリカ学校財政制度の公正化 —コモンスクールからNCLB法まで　／　竹沢知章　／　三四〇〇円
- 現代アメリカの教育アセスメント行政の展開 —マサチューセッツ州（MCASテスト）を中心に　／　北野秋男編　／　四八〇〇円
- アメリカにおける学校認証評価の現代的展開 —ハワード・ガードナーの教育戦略　／　浜田博文編著　／　三六〇〇円
- 【増補版】現代アメリカにおける学力形成論の展開　／　石井英真　／　四六〇〇円
- アメリカにおける多文化的歴史カリキュラム —スタンダードに基づくカリキュラムの設計　／　桐谷正信　／　三六〇〇円
- 現代ドイツ政治・社会学習論 —「事実教授」の展開過程の分析　／　大友秀明　／　五二〇〇円
- ハーバード・プロジェクト・ゼロの芸術認知理論とその実践 —内なる知性とクリエティビティを育む　／　池内慈朗　／　六五〇〇円
- 現代教育制度改革への提言 上・下　／　日本教育制度学会編　／　各二八〇〇円
- 人格形成概念の誕生 —近代アメリカの教育概念史　／　田中智志　／　二八〇〇円
- 日本の教育をどうデザインするか　／　村田翼夫・上田学編著　／　三六〇〇円
- 社会性概念の構築 —アメリカ進歩主義教育の概念史　／　田中智志　／　三八〇〇円
- 現代日本の教育課題 —21世紀の方向性を探る　／　上田学・岩槻知也・村田翼夫編著　／　三六〇〇円
- バイリンガルテキスト現代日本の教育　／　山口満編著　／　三八〇〇円
- グローバルな学びへ —協同と刷新の教育　／　田中智志編著　／　二〇〇〇円
- 学びを支える活動へ —存在論の深みから　／　田中智志編著　／　二〇〇〇円
- 社会形成力育成カリキュラムの研究　／　西村公孝　／　六五〇〇円
- 社会科は「不確実性」で活性化する —未来を開くコミュニケーション型授業の提案　／　吉永潤　／　二四〇〇円

〒113-0023　東京都文京区向丘1-20-6
TEL 03-3818-5521　FAX03-3818-5514　振替 00110-6-37828
Email tk203444@fsinet.or.jp　URL:http://www.toshindo-pub.com/

※定価：表示価格（本体）＋税

東信堂

溝上慎一 監修　アクティブラーニング・シリーズ〔全7巻〕

附属新潟中式「3つの重点」を生かした確かな学びを促す授業
　教科独自の眼鏡を育むことが「主体的・対話的で深い学び」の鍵となる!
新潟大学教育学部　附属新潟中学校 編者　柞磨昭孝　二〇〇〇円

ICEモデルで拓く主体的な学び
　成長を促すフレームワークの実践　土持ゲーリー法　二〇〇〇円

社会に通用する持続可能なアクティブラーニング
　—ICEモデルが大学と社会をつなぐ　土持ゲーリー法　二五〇〇円

ポートフォリオが日本の大学を変える
　—ティーチング/ラーニング/アカデミック・ポートフォリオの活用　土持ゲーリー法　二五〇〇円

ティーチング・ポートフォリオ　授業改善の秘訣　土持ゲーリー法　二〇〇〇円

ラーニング・ポートフォリオ—学習改善の秘訣　S・ヤング&R・ウィルソン著　土持ゲーリー法監訳　一〇〇〇円

「主体的学び」につなげる評価と学習方法
　—カナダで実践される—ICEモデル　土持ゲーリー法　一八〇〇円

主体的学び　別冊　高大接続改革　主体的な学び研究所編　一八〇〇円

主体的学び　創刊号　主体的な学び研究所編　二〇〇〇円

主体的学び　2号　主体的な学び研究所編　一六〇〇円

主体的学び　3号　主体的な学び研究所編　一六〇〇円

主体的学び　4号　主体的な学び研究所編　一八〇〇円

主体的学び　5号　主体的な学び研究所編　一八〇〇円

①アクティブラーニングの技法・授業デザイン　安永悟編　一六〇〇円

②アクティブラーニングとしてのPBLと探究的な学習　溝上慎一・成田秀夫編　一八〇〇円

③アクティブラーニングの評価　石井英真・井上真代・松下佳代編　一六〇〇円

④高等学校におけるアクティブラーニング：理論編（改訂版）　溝上慎一編　一六〇〇円

⑤高等学校におけるアクティブラーニング：事例編　溝上慎一編　二〇〇〇円

⑥アクティブラーニングをどう始めるか　成田秀夫　一六〇〇円

⑦失敗事例から学ぶ大学でのアクティブラーニング　亀倉正彦　一六〇〇円

アクティブラーニングと教授学習パラダイムの転換　溝上慎一　二四〇〇円

大学のアクティブラーニング　河合塾編著　三二〇〇円

「学び」の質を保証するアクティブラーニング
　—3年間の全国大学調査から　河合塾編著　二〇〇〇円

「深い学び」につながるアクティブラーニング
　—全国大学の学科調査報告とカリキュラム設計の課題　河合塾編著　二八〇〇円

アクティブラーニングでなぜ学生が成長するのか
　—経済系・工学系の全国大学調査からみえてきたこと　河合塾編著　二八〇〇円

〒113-0023　東京都文京区向丘1-20-6　TEL 03-3818-5521　FAX03-3818-5514　振替 00110-6-37828
Email tk203444@fsinet.or.jp　URL:http://www.toshindo-pub.com/

※定価：表示価格（本体）＋税

東信堂

放送大学に学んで —未来を拓く学びの軌跡　放送大学中国・四国ブロック学習センター編　二〇〇〇円

ソーシャルキャピタルと生涯学習　J・フィールド　矢野裕俊監訳　二五〇〇円

成人教育の社会学 —パワー・アート・ライフコース　高橋満編著　三二〇〇円

NPOの公共性と生涯学習のガバナンス　高橋満　二八〇〇円

コミュニティワークの教育的実践　高橋満　二〇〇〇円

学級規模と指導方法の社会学 —実態と教育効果　山崎博敏　三二〇〇円

高等専修学校における適応と進路　伊藤秀樹　四六〇〇円

「夢追い」型進路形成の功罪 —後期中等教育のセーフティネット　荒川葉　二八〇〇円

進路形成に対する「在り方生き方指導」の功罪 —高校進路指導の社会学　望月由起　三六〇〇円

教育から職業へのトランジション —若者の就労と進路職業選択の社会学　山内乾史編著　二六〇〇円

教育と不平等の社会理論 —再生産論をこえて　小内透　三二〇〇円

マナーと作法の社会学　加野芳正編著　二四〇〇円

マナーと作法の人間学　矢野智司編著　二〇〇〇円

《シリーズ 日本の教育を問いなおす》

拡大する社会格差に挑む教育　西村和雄・大森不二雄編　二四〇〇円

混迷する評価の時代 —教育評価を根底から問う　西村和雄・大森不二雄　倉元直樹・木村拓也編　二四〇〇円

教育における評価とモラル　戸村理編　二四〇〇円

《大転換期と教育社会構造：地域社会変革の学習社会論的考察》西村信雄編

第1巻 教育社会史 —日本とイタリアと　小林甫　七八〇〇円

第2巻 現代的教養I —生活者生涯学習の地域的展開　小林甫　六八〇〇円

現代的教養II —技術者生涯学習の生成と展望　小林甫　六八〇〇円

第3巻 学習力変革 —社会自治と社会構築　小林甫　近刊

第4巻 社会共生力 —東アジア学習と成人学習　小林甫　近刊

〒 113-0023　東京都文京区向丘 1·20·6　　TEL 03·3818·5521　FAX03·3818·5514　振替 00110·6·37828
Email tk203444@fsinet.or.jp　URL:http://www.toshindo-pub.com/

※定価：表示価格（本体）＋税